La Négligence
Votre premier ennemi

Comment s'en débarrasser pour réussir votre vie

Grégory Domond

© 2016 Grégory Domond

Tous droits réservés.

ISBN-13: 978 - 99970 - 4 - 698 -7

PREFACE

Il nous arrive souvent de passer à côté de ce qu'il y a de meilleur dans la vie à cause d'un manque de souci, de zèle, à cause d'un relâchement, bref de la paresse qui nous ronge et nous mine. Pourtant vivre une vie réussie est à la portée de main. Il suffit simplement de prendre la décision de faire chaque chose avec soin et dans le temps imparti. Le fait de choisir de laisser aller, de n'avoir pas de motivation, de relâcher ou d'abandonner par prétexte de manque de temps s'inscrit dans ce phénomène qui consiste à ne pas agir au moment opportun ou à ne pas agir du tout. Le Sage souligne qu' *"Un peu de sommeil, un peu d'assoupissement, Un peu croiser les mains pour dormir!... Et la pauvreté te surprendra, comme un rôdeur, Et la disette, comme un homme en armes"*.[1] Paresse, sommeil, assoupissement, croiser les bras, abandonner, laisser-faire riment avec ce concept qui nous guerroie en ennemi acharné dans l'unique but de voir notre vie devenir un échec : *la négligence*.

La négligence est ce mal qui, petit à petit, rend confortable à ne pas faire immédiatement ce qui devrait

---

[1] Proverbe 24 : 33-34

être fait ou à ne le pas faire du tout. Elle se manifeste par les concepts synonymes relatés précédemment en donnant un air de bonheur à celui qui en est la victime, jusqu'au jour où ce dernier se donne de se considérer et de considérer ses œuvres. Beaucoup trop fréquente dans la vie, on y consacre moins de temps et d'énergie à éradiquer ce phénomène souvent invisible mais qui laisse des traces rarement repérées et qui risquent d'avoir de graves conséquences sur la personnalité. Difficile de définition, la négligence est discrète dans ses impacts et ses manifestations. Comment venir à bout de cet ennemi pour réussir sa vie ?

L'ingénieur Grégory DOMOND se donne de vous indiquer le chemin en vous offrant : *La Négligence, votre premier ennemi*. Dans ce document conçu pour vous, l'auteur considère le phénomène comme le premier ennemi à abattre si l'on veut réussir et sa vie et dans sa vie. L'insuffisance de recherches sur le sujet fait de cette œuvre un apport considérable à la littérature concernant le phénomène. Vous y trouverez différentes approches de définition ; les différents types, les causes de la négligence sans omettre des exemples qui à coup sûr aideront le lecteur à se faire son propre idée de ce mal.

Dans un style clair et simple, l'auteur attire l'attention des lecteurs sur la nécessité de considérer chaque détail afin de ne pas compromettre la réussite de leurs initiatives.

Un peu plus loin, M. Domond fait une analyse de la position de Dieu face à la négligence et des conséquences directes et indirectes associées à ce manque de ferveur.

Douze (12) piliers de prévention et de guérison y sont relatés afin de permettre au lecteur de se défaire de la négligence et prendre sa vie en main pour une réussite totale à tous les points de vue. Le Professeur Domond prescrit des recettes faciles pour éradiquer cette paresse spirituelle: la crainte de Dieu, la vigilance, la prière, la gestion des détails et du temps, la résolution d'agir, le respect des principes, la persévérance, le sens de responsabilité. L'auteur complète sa prescription efficace contre ce fléau en demandant aux lecteurs d'y ajouter les doses suivantes: l'exercice de la puissance de la parole, une intelligence renouvelée et le respect de l'autre.

Dans son approche qui s'appuie fortement sur les Saintes Ecritures, l'auteur se veut convaincant et vous éclaire amplement sur ce que seraient la personnalité, les actions et la vie, si la négligence ne s'y interfère pas. Le lecteur avisé prendra soin de lire, relire et même recopier les conseils disponibles dans cet outil combien précieux pour lui faciliter la pratique.

Je recommande vivement cet ouvrage à tous lecteurs qui soupirent après la réussite.

Puisse la lecture de ces lignes vous aider à vous affranchir définitivement de la négligence !!!

Edva ALTEMAR

Ingénieur, Professeur

INTRODUCTION

La négligence est un cancer qui n'épargne personne. S'il existe un maillon faible commun dans la vie humaine, c'est bien sûr le manque d'attention aux tâches. De nombreuses personnes peinent à identifier la cause de leurs échecs répétitifs. L'ennemi qui agit contre elles en permanence n'est autre que la négligence.

Il n'existe pas une personne qui soit exempte de ce fléau. Cette maladie prend différentes formes pour mieux atteindre ses objectifs dans toutes les entreprises humaines. Les niveaux de négligence varient d'une personne à une autre. Cette paresse spirituelle n'affecte pas seulement la vie physique de l'homme, elle nuit également à sa relation avec son Créateur, Jéhovah.

Ce livre répond à un triple objectif.

D'abord, il permet d'identifier cet ennemi insoupçonné qui ronge à petit feu la vie de l'homme.

Ensuite, il fait découvrir les conséquences désastreuses de ce mal subtile.

Enfin, il propose les solutions efficaces contre cette

maladie terrible.

Ce livre est constitué de 5 chapitres.

Le premier chapitre analyse tous les types de négligence ainsi que leurs causes. Il montre comment cette maladie s'enracine chez l'homme pour le détruire par la suite.

Le deuxième chapitre aborde la question des détails. Il est évident que la gestion des détails est cruciale pour l'homme. Dans cette partie, l'accent est mis sur l'importance des détails dans tout ce que l'on entreprend.

Dans le troisième chapitre, les lecteurs peuvent découvrir que la négligence, la paresse spirituelle, est un péché puni par Dieu. De passages bibliques montrent que Dieu traite sévèrement la négligence sous toutes ses formes. Celui qui se montre négligent n'est pas apte à plaire à Dieu.

Le quatrième chapitre passe en revue un ensemble de conséquences inimaginables que la négligence entraine certainement. Dans cette partie, il est montré que les conséquences n'affectent pas seulement l'auteur de la négligence, mais aussi sa famille, ses camarades et sa communauté. Les conséquences de la négligence ne se limitent pas à la vie physique de l'homme, elles peuvent également occasionner la mort spirituelle.

Enfin, le cinquième chapitre fournit une stratégie de lutte contre ce fléau redoutable. Il propose à toute personne désireuse de se débarrasser de cette paresse spirituelle pour réussir dans la vie 12 piliers: crainte de Dieu, vigilance, gestion des détails, gestion du temps, actions, prière, respect des principes, persévérance, responsabilité, exercice de la puissance de la parole, intelligence renouvelée et respect de l'autre.

Le succès dans cette lutte continue et acharnée contre la négligence passe nécessairement par une prise de conscience et un bilan de sa vie.

La prochaine étape logique consiste à mettre en œuvre la stratégie simple proposée dans ce livre. Tant que vous n'aurez pas pris la décision solennelle de vous débarrasser de cette paresse spirituelle, vous aurez toujours à vous plaindre de vos piètres résultats.

Révolutionnez votre vie dès aujourd'hui en divorçant d'avec la paresse spirituelle.

Grégory Domond

Gregory Domond

TABLE DES MATIERES

	Remerciements	i
1	La Négligence	1
2	Gestion des détails	27
3	Position de Dieu vis - à - vis de la négligence	50
4	Votre vie et la Négligence	81
5	Stratégies de Lutte contre la Négligence	99
	Conclusion	136

REMERCIEMENTS

Je rends actions de grâce au Dieu de l'Univers, Jéhovah, de m'avoir ouvert les yeux spirituels sur ce mal qui ronge à petit feu l'existence de l'homme sur la terre et s'attaque à sa vie spirituelle.

Je voudrais remercier Ketsia Aladin, Naomie Baptiste et Jean André Timothé pour leurs lectures critiques du manuscrit de ce livre.

Je suis reconnaissant envers l'Ingénieur Edva Altemar qui a bien voulu préfacer cette ouvre.

Enfin, je suis redevable envers toutes celles et tous ceux qui ont contribué d'une manière ou d'une autre à la finalisation de ce livre.

Grégory Domond

1
LA NEGLIGENCE

Chaque jour nous accusons quelqu'un ou quelque chose d'être la cause de nos malheurs. Les autres sont - ils responsables de nos malheurs? Faut- il pointer quelqu'un ou quelque chose d'autre du doigt? Cet obstacle tant dénoncé se développe - t - il chez l'homme ou vient - il de l'extérieur. C'est quoi la négligence? Quelles sont les causes de la négligence? Quels sont les types de négligence?

La Négligence, c'est quoi?

L'idée de base à propos de la négligence est que les gens devraient faire preuve de diligence raisonnable quand ils agissent en tenant compte du danger potentiel qu'ils pourraient vraisemblablement causer à d'autres personnes.[2]

L'origine latine du mot est *negligentia* et veut dire tout simplement " *Ne pas ramasser quelque chose* ". C'est donc le fait de ne pas accorder d'importance à quelque chose qui mérite une attention.

Dans cette démarche, plusieurs définitions et approches seront proposées afin d'aider à mieux cerner ce concept. Les définitions suivantes sont attribuées à la négligence.

- Etat d'une personne dont l'esprit ne s'applique pas à ce qu'elle fait ou devrait faire
- Défaut de soin, d'exactitude, d'application[3]
- Attitude de celui qui manque de soin, d'attention, de vigilance
- Attitude de celui qui fait les choses avec moins de soin, d'attention ou d'intérêt qu'il n'est nécessaire ou qu'il n'est souhaitable[4]
- Attitude de celui qui cherche à faire les choses avec moins de soin, d'attention ou d'intérêt

---

[2] Jay M. Feinman
[3] http://portail.atilf.fr/cgi-bin/dico1look.pl?strippedhw=negligence
[4] http://www.cnrtl.fr/definition/ négligence

qu'il ne paraît nécessaire, dans un souci d'élégance[5]

- Défaut d'application, de soin dans ce qu'on fait[6]

La négligence est une paresse spirituelle qui vise l'abandon d'une activité. Quand l'esprit qui est aux commandes des choses est démotivé, tout le corps doit le suivre dans sa chute. Cette paresse se manifeste par une omission. Elle peut avoir une origine interne ou externe.

Le corps ne prend pas l'initiative de quoi ce soit, il ne fait qu'obéir aux ordres reçus de l'esprit.

La négligence, c'est l'incapacité à réaliser avec prudence ce qu'une personne raisonnable réaliserait dans les mêmes conditions.

Si quelqu'un est capable d'une chose, vous en êtes capable aussi. Il faut juste appliquer la bonne méthode. Tout le reste ? C'est des excuses.[7]

C'est une absence ou un manque de soin dans l'accomplissement d'une action. C'est également une action imprudente.

---

[5] http://www.cnrtl.fr/definition/ négligence
[6] http://www.cnrtl.fr/definition/ négligence
[7] Yoann Romano

La négligence, c'est le fait d'omettre quelque chose, c'est - à - dire, le laisser tomber, ne pas réaliser la tâche assignée délibérément ou accidentellement. Elle peut être une omission habituelle, soit par insouciance ou par choix.

La négligence a les sens suivants: Oubli des devoirs, manquement, faute, péché.[8]

Il est courant de remplacer le mot "négligence" par omission, laisser - aller, nonchalance, inattention, incurie, tiédeur.

Elle est souvent considérée comme étant :

- Un manque de sollicitude ou une insouciance flagrante
- Un manque de respect
- Une imprudence, un manquement, un défaut
- Une omission ou un oubli majeur
- Un relâchement
- Un mépris pour les choses précieuses
- Un défaut de ferveur

La négligence est une voix intérieure qui s'oppose malicieusement à l'action à entreprendre par des suggestions apparemment logiques. Le laisser - aller puise

---

[8] http://www.cnrtl.fr/definition/ négligence

sa force dans une longue série d'arguments qui suggèrent de reporter les activités, d'attendre le bon moment pour s'engager, de s'apitoyer sur l'épuisement progressif de sa capacité. La négligence est une sorte de complaisance envers le corps humain. La négligence est une sorte de compromission entre la faiblesse de l'esprit et le corps paresseux dans le but évident de rester dans le repos.

Négliger quelque chose, c'est le traiter ultérieurement.

Négliger une tâche, c'est la réaliser sans tenir compte de ses détails.

La personne négligente se laisse mener et bercer par les circonstances de la vie et n'en prend pas le contrôle. Elle est plus encline à trouver des excuses de n'avoir rien fait plutôt que de se réveiller de son sommeil.

La négligence qui est un manque de zèle ou un relâchement progressif, s'amplifie avec le temps. Plus le temps passe, plus le relâchement est rapide et plus la négligence s'installe et s'incarne dans l'homme. Elle agit comme un sommeil qui courtise une personne fatiguée. La fatigue s'accommode bien de l'offre du sommeil. Et quelques minutes plus tard, la personne fatiguée est déjà en plein sommeil. La personne envahie par la négligence se sent dans un confort au fur à mesure que cette paresse prend possession d'elle jusqu' à l'habiter intégralement pour en faire son esclave. C'est un peu similaire à la situation d'une voiture qui descend en pente douce.

La négligence peut se manifester de différentes façons. Elle peut prendre la forme d'un refus systématique à appliquer certains principes ou certaines règles jugées nécessaires. Un conducteur qui continue à taper des textos au volant de sa voiture en dépit des mises en garde venant de ses proches et des policiers de la circulation.

Elle peut être assimilée à la paresse qui empêche à certaines personnes de réaliser certaines tâches jugées abordables et faisables. Un Ingénieur expérimenté qui cherche des excuses pour ne pas signer un contrat de construction à cause des conditions de travail spécifiques.

La négligence peut être comprise comme une forme d'incapacité apparente devant certains défis. Un athlète reconnu qui cherche à minimiser ses capacités pour ne pas participer à une course bien plus courte que celles déjà gagnées.

Elle peut également s'agir d'un manque de clairvoyance pour distinguer le bien du mal ou pour saisir les opportunités qui se présentent. Un jeune étudiant qui ne s'efforce pas de montrer son intérêt pour une bourse d'études complète.

La négligence se traduit également par un manque d'intérêt, de motivation, de nonchalance pour une personne ou une activité donnée. Un mari atteint de négligence laisse s'éteindre au fur et à mesure la passion qu'il avait pour sa femme après le mariage.

Cette maladie s'installe dans certaines vies par un manque d'attention pour les détails. Certaines personnes n'ont aucun souci pour les détails, elles n'en donnent pas sur les projets et n'en veulent pas pour ce qui leur concerne. Un dégout pour les détails est le commencement de la négligence d'un groupe d'humains.

La négligence est un esprit paresseux qui s'accapare de l'homme pour le porter à désobéir Dieu.

On désigne certaines fois par négligence, les conséquences d'un manque d'attention. A titre d'exemple, un accident de la circulation peut être qualifié de négligence de la part du conducteur ou des instances responsables de l'entretien routier.

La négligence d'une personne se mesure par son incapacité à faire ce que d'autres savent faire dans les mêmes conditions. Tous les autres élèves portent leurs noms sur leurs feuilles d'examen alors qu'un élève ne le fait pas après avoir terminé son épreuve.

Un ouvrier arrive souvent en retard à l'usine parce qu'il ne prend pas les dispositions nécessaires. D'autres ouvriers habitant plus loin n'arrivent jamais en retard. Son omission peut être expliquée de différentes façons: Oubli, manque d'attention, insouciance, etc.

Un chauffeur de bus qui se fait toujours blâmer par un agent de la police pour le non port de la ceinture de sécurité. Il est clair que cette question de sécurité est un détail négligé par ce conducteur.

Un professeur qui continue à blesser souvent ses élèves avec les mêmes mots en dépit de la protestation de la classe.

Un père qui verrouille sa voiture avec un enfant de deux ans à l'intérieur.

Une personne asthmatique qui part en vacance sans sa pompe.

La négligence peut cibler une personne, un objet ou un service. Quand l'omission concerne un service, l'impact négatif sera ressenti soit par l'auteur ou une autre personne puisqu' un service est toujours destiné directement ou directement à une personne.

Certaines personnes commettent des négligences accidentellement alors que d'autres vivent et nagent dans cette situation qui devient un style de vie.

Dès qu'il s'agit de négligence, il y a plusieurs faits à considérer.

D'abord, il y a un acte qui devrait être posé ou une décision qui devrait être prise.

En deuxième lieu, l'omission a lieu quand quelque chose n'est pas pris en compte, un détail est oublié, une chose n'est pas faite avec soin.

Troisièmement, l'auteur de la négligence peut agir sciemment. Il peut choisir de se comporter de la sorte délibérément pour satisfaire ses propres objectifs. L'auteur de l'omission peut agir par ignorance, ne sachant pas qu'une telle action ou un tel comportement pourrait causer un dommage quelconque.

En quatrième lieu, il faut considérer la ou les victimes de la négligence. La victime de la négligence peut être son auteur, dans ce cas il s'agit de l'auto - négligence. La négligence peut faire de nombreuses victimes, et dans certains cas, l'auteur aussi. Dans certaines situations, tout un pays peut être victime de la négligence d'un dirigeant.

Cinquièmement, il y a lieu de considérer les conséquences de la négligence. A toute négligence correspondent forcément des conséquences. Les conséquences peuvent être légères ou graves. Certaines répercussions négatives peuvent être passagères alors que d'autres peuvent affecter les victimes pendant longtemps.

En sixième lieu, il faut penser à la gestion des conséquences. Comme dans toute négligence, les conséquences sont inévitables, comment les gérer après leur occurrence?

Certaines conséquences se règlent à l'amiable, par des prises de conscience, par des conseils, par des blâmes, par des résolutions personnelles. Les victimes peuvent traduire les auteurs de négligence en tribunal. Dans d'autres cas quand le nombre de victimes est considérable, l'Etat peut intervenir pour que toute la lumière soit faite et que justice soit rendue à qui elle est due.

Le droit et la négligence

Le droit reconnait la négligence comme un crime. Il y a différentes approches du concept qui dépendent chacune du système légal considéré. Les sanctions relatives à la négligence varient d'un type de négligence à un autre et d'un pays à un autre. Le concept négligence criminelle est souvent invoqué dans les tribunaux pour obtenir des dommages et intérêts dans le cas d'accidents, de blessures et même en cas de décès. Les personnes reconnues coupables de négligence sont condamnées et peuvent verser certaines fois des montants aux victimes, être emprisonnées pour quelques années ou dans d'autres cas pour tout le reste de leurs vies.

Ne soyez pas négligent; parce qu'on ne sera pas négligent à votre égard.[9]

Tous les systèmes légaux du monde ont des provisions légales contre la négligence dans le but évident de contrecarrer le manque d'attention des uns et de garantir la protection des autres.

La loi définit la négligence comme étant toute conduite qui tombe en dessous des normes de comportement établies

---

[9] Proverbe oriental

par la loi pour la protection des autres contre le risque déraisonnable de dommage.[10]

Dans les systèmes légaux, la négligence est encore définie comme l'incapacité à se comporter avec le niveau de soins que quelqu'un d'une prudence ordinaire aurait exercé dans les mêmes circonstances.[11]

Cinq éléments sont nécessaires pour établir une preuve de négligence: l'existence d'une obligation légale de diligence raisonnable; l'incapacité à exercer une diligence raisonnable; la cause des dommages physiques par la conduite négligente; le dommage physique sous la forme de dommages réels; la preuve que le dommage est dans le cadre de la responsabilité.[12]

Différents types de négligence

La négligence peut être active ou passive. La négligence active ou intentionnelle a lieu quand la personne concernée décide sciemment de ne pas faire ce qui doit être fait pour elle-même ou pour l'autre. La négligence est passive ou non intentionnelle lorsque la personne concernée,

---

[10] http://legal-dictionary.thefreedictionary.com/negligence
[11] https://www.law.cornell.edu/wex/negligence
[12] https://www.law.cornell.edu/wex/negligence

involontairement, ne remplit pas une obligation. Plusieurs arguments peuvent expliquer la négligence passive, comme l'incapacité de la personne à exécuter la tâche spécifique, le manque d'expérience ou d'information. Très souvent, un manque de motivation et d'intérêt conduit à une négligence passive.

Il existe plusieurs types de négligence qui peuvent affecter l'auteur ou d'autres personnes directement ou indirectement, soit à travers les infrastructures de service.

Auto-negligence: L'auto-négligence est une condition comportementale dans laquelle un individu néglige ses propres soins, tels que l'hygiène personnelle, l'habillage, la nourriture ou la médication.[13]

- ✓ Un rude travailleur qui ne mange pas convenablement.
- ✓ Une personne hypertendue qui ne prend pas ses médicaments à temps.

Négligence ordinaire: Attitude de quelqu'un qui ne prête assez d'attention à ses activités ordinaires.

---

[13] https://fr.wikipedia.org/wiki/Auto- négligence

- ✓ Un élève qui oublie souvent ses devoirs à la maison

- ✓ Un chauffeur qui verrouille de temps en temps la voiture sans prendre la clef
- ✓ Une jeune fille qui laisse souvent sa carte bancaire dans le distributeur automatique de billet.

Négligence professionnelle: Tout manque de soin ou de vigilance nécessaire dans l'exercice d'une profession.

- ✓ Un chirurgien qui pratique une intervention sur un patient qui n'est pas concerné
- ✓ Un ingénieur civil qui n'a pas tenu compte de tous les paramètres dans les calculs d'un pont endommagé quelques jours après son inauguration

Négligence civile: Action inconsidérée d'une personne négligente qui peut causer des dommages à d'autres personnes.[14]

---

[14] http://examples.yourdictionary.com/examples-of-negligence.html

- ✓ Une personne qui possède un chien méchant et l'emmène au parc où son animal mord un enfant
- ✓ Une pharmacie qui vend un médicament sans prévenir des effets secondaires

Négligence criminelle: Ce type de négligence est évoqué quand une personne viole une obligation légale ou ne remplit pas une obligation légale.[15]

- ✓ Une mère qui laisse une enfant de 3 ans seule à la maison pour aller à une réunion.
- ✓ Un conducteur qui lit des messages sur son téléphone portable alors qu'il conduit un véhicule sur une auto - route.

Négligence spirituelle: Cette forme de négligence appelée également acédie, se traduit par un manque d'intérêt et de sensibilité pour les activités spirituelles.

- ✓ Un chrétien qui ne prie presque plus
- ✓ Un pasteur qui n'a plus intérêt pour la croissance spirituelle de ses brebis

Il y a une catégorie de personnes qui pratiquent

---

[15] http://examples.yourdictionary.com/examples-of-negligence.html

régulièrement un type de négligence comme un métier, et une autre catégorie de gens qui commettent des négligences occasionnellement.

Quelles sont les causes de la négligence?

La négligence est un défaut plus dangereux que bien des vices : D'abord sur moins que rien tu glisses, puis sur ceci, cela ; bientôt sur tout, égards, devoirs, sagesse : de chute en chute, la faiblesse bien bas fait tomber de bien haut.[16]

Nous sommes tous négligents. La négligence est un mal qui n'épargne personne, c'est un mal qui a une dimension universelle. Le niveau de négligence varie d'une personne à une autre. Il existe des degrés de négligence. L'homme ordinaire en souffre autant que le scientifique. Sans la négligence, on serait des hommes parfaits, on réaliserait ses projets et on ferait plaisir à Dieu.

On ne naît pas négligent, on le devient. On devient négligent consciemment ou inconsciemment.

Les chemins empruntés par l'homme pour atteindre ce point fatal sont multiples. C'est un processus simple. Il suffit de perdre la motivation ou l'enthousiasme pour

---

[16] Henri - Fréderic Amiel

quelque chose pendant une seconde. Et quelques instants plus tard ce quelque chose se trouve dans la poubelle des pensées de l'homme. Les nonchalants et les paresseux sont envahis progressivement par un esprit démobilisateur qui entame profondément tout goût pour le travail. Les canaux utilisés par la négligence pour envahir la vie d'un homme peuvent être la pensée, les paroles, le comportement et l'action. Quand ces canaux sont courtisés et acquis par l'esprit de faiblesse et de relâchement, tout le corps doit obéir. Les causes de la négligence varient d'un cas à un autre.

Paresse, oubli, nonchalance, faiblesse d'esprit

Certaines fois, la paresse et la nonchalance peuvent être la cause de la négligence. La paresse fait répugner le travail. Le travail est toujours perçu comme un fardeau. Pour certaines personnes, la meilleure stratégie d'y échapper est de ne rien faire. Cette propension à ne rien faire est un moyen presque logique de négliger toute activité. L'oubli est un signe qui montre que cette activité n'est plus dans la pensée. Cette tâche n'est plus un souci. *Le paresseux dit: Il y a un lion dehors!*

Je serai tué dans les rues![17]

Certaines personnes sont déconnectées littéralement de ce qu'elles font. Elles ont l'esprit ailleurs, cette déconnexion due à un manque de concentration cause d'innombrables torts. Ce type de négligence se manifeste et dans les activités informelles et dans les activités formelles. *Le paresseux plonge sa main dans le plat, et il ne la ramène pas à sa bouche.*[18]

La faiblesse d'esprit ne permet pas de se concentrer sur ce qui doit être fait avec soin. Jules Renard a bien raison de définir la paresse comme l'habitude prise de se reposer avant la fatigue. *Nous avons plus de paresse dans l'esprit que dans le corps.*[19]

Lorsque l'esprit humain est colonisé par la paresse, tout le corps n'a qu'à suivre le même chemin.

> *Un petit relâchement.., 2 petits relâchements., abandon définitif*

Ceux qui sont enthousiastes et passionnés par une activité quelconque commencent à être négligents par un petit

---

[17] Proverbes 22:13
[18] Proverbes 19:24
[19] Francois de La Rochefouceauld

relâchement. Cette tiédeur ou ce manque de zèle se fait une première fois. L'expérience est refaite une deuxième fois. Une troisième occasion se présente, il n'y a pas d'autre choix que de laisser tomber l'activité. Finalement, après un certain nombre de fois, le négligent n'envisage que l'abandon. C'est cette situation qui explique comment les étudiants abandonnent l'école de façon prematurée ou les personnes laissent tomber la pratique du sport sans atteindre les objectifs fixés. Le laisser - aller ou le pilotage automatique est un bon allié de la négligence.

Que de bonnes habitudes ne sont plus de mise! Que de bonnes activités sont jetées aux oubliettes! On devient automatiquement négligent quand on ne fait pas correctement ce qui doit être fait avec les moyens intellectuels et matériels dont on dispose.

Un agent de sécurité qui décide de laisser entrer une fois des inconnus dans un bâtiment peut répéter le même scénario demain, et ceci peut perdurer jusqu'à ce qu'une attaque soit perpétrée sur les lieux dont il a la charge.

Etre en retard est le signe d'une âme négligente, être à l'heure, celui d'une âme forte, être en avance est signe de pusillanimité.[20]

---

[20] Patrick Cauvin

Le retard et le relâchement deviennent aujourd'hui un style de vie pour de nombreuses personnes.

Procrastination

Il existe une catégorie de personnes qui cherchent toujours à ajourner leurs activités. Le report des activités à une date ultérieure devient une habitude chez de nombreuses personnes. L'argument le plus souvent utilisé est que le temps n'est pas propice. Une telle activité se ferait mieux un autre jour dans un autre cadre. Pour cette catégorie de personnes atteintes de négligence, aucune période ne remplit toutes les conditions pour qu'une telle opération se fasse. Ces personnes attendent toujours un moment qui n'arrive jamais.

C'est la négligence de la réparation au moment opportun qui rend la reconstruction nécessaire.[21]

Certains hommes et femmes ajournent plus les activités qu'ils ne les font. Ils croient que chaque chose doit se faire en son temps.

Pour le négligent, c'est toujours le matin.[22]

---

[21] Richard Whately
[22] Proverbe rundi

Ne remets pas à demain ce que tu peux faire aujourd'hui, dit - on souvent.

Rachetez le temps, car les jours sont mauvais.[23]

La bible nous dit d'utiliser le temps de manière optimale.

Recherche de prétextes et d'arguments

Certaines personnes peuvent trouver à tout moment des prétextes et fabriquer des arguments pour ne plus faire quelque chose. Lorsque l'envie d'abandonner un travail le démange, la première démarche consiste à trouver des raisons qui justifient le choix.

Qui veut faire quelque chose trouve un moyen; qui veut rien faire trouve une excuse.[24]

Les raisons peuvent ne pas tenir, mais elles sont l'excuse de ceux qui ne veulent plus continuer. Les faux prétextes et les arguments invoqués sont les stratégies suggérées par l'esprit de la paresse pour se justifier dans son choix de laisser tomber une tâche.

Distractions de toutes sortes: Jeux, Distractions, Discussions inutiles, Sommeils,......

---

[23] Ephésiens 5:18
[24] Proverbe arabe

Les distractions de toutes sortes peuvent rendre négligent quelqu'un qui était assidu à une tâche. Ces divertissements peuvent offrir un confort tel qu'il est logique de tout abandonner pour s'y consacrer. Les jeux, les débats entre amis, l'envie constante du repos ont la capacité d'enlever le goût du travail à toute personne qui n'a pas une volonté solide. Les épicuriens ne s'adonnent qu'à une chose: le plaisir.

Ne négligez jamais les détails. Lorsque l'esprit de chacun est émoussé ou distrait, le leader doit être doublement vigilant.[25]

Malheureusement, le bilan journalier de certaines personnes est un ensemble de paroles en l'air.

Choix d'autres priorités

Il existe également une catégorie de personnes qui ne sont pas constantes. Elles ont des objectifs qui ne durent que l'instant présent. Elles changent de plan, de projet et de priorités comme elles changent de chemise.

Le problème des hommes, c'est qu'ils négligent leur propre champ pour aller ensemencer celui des autres.[26]

Les tâches initiées sont vite abandonnées au profit de

---

[25] Collin Powell
[26] Confucius

nouvelles priorités. Ces dernières ne seront plus nouvelles après quelques jours quand elles auront découvert d'autres choses plus prioritaires. Cette instabilité conduit tout droit à la négligence, donc à un bilan d'activités médiocre. Ces personnes instables naviguent entre priorités durant toute leur vie. Elles ont une priorité lundi, une autre mardi, et ainsi de suite. Elles écoutent chaque fois une nouvelle voix qui leur dit de faire autres choses.

Environnement de l'homme

Certaines personnes deviennent tout carrément négligentes à cause de l'environnement dans lequel elles évoluent. Elles vivent dans une famille dans laquelle les parents sont négligents et côtoient des gens qui ont une culture de la négligence. En écoutant les négligents et en les voyant agir, on peut être attiré par le laisser - aller. C'est un style de vie qui peut s'incarner dans l'homme par le contact avec des personnes infectées par ce virus. Les discours et le comportement des proches, des amis et modèles peuvent faire naître la négligence chez une personne. Les mauvaises habitudes du milieu et les exemples des autres ont un impact non négligeable sur la volonté de faire. Il peut être très difficile pour une personne de se séparer de l'héritage de négligence de ses parents et de son milieu.

Il n' y a peut - être pas une seule habitude qui ait le pouvoir de contaminer les pensées et les actions des hommes comme la négligence.[27]
L'environnement d'un homme impacte profondément sa vie.

Irrespect de l'autre

L'absence et le manque de respect pour l'autre sont l'une des principales causes de la négligence. L'autre n'est pas toujours perçu et considéré comme soi - même; ce qui a des conséquences indésirables sur le traitement accordé. Les prestations d'un homme pour son prochain devraient être impeccables, mais faute d'attention, l'autre est très mal servi dans certains cas.

Six des 10 commandements, soit 60%, traitent des relations de l'homme avec l'homme, c'est - à- dire, la relation horizontale. Ces 6 commandements sont résumés par: *Tu aimeras ton prochain comme toi même*. Les relations de l'homme avec Dieu sont gérées par 4 commandements qui sont résumés par la suite par *Tu aimeras ton Dieu de tout ton cœur et de toute ta force*.

En servant l'autre, tout homme prudent devrait penser à

---

[27] Les 9 habitudes qui forgent le caractère, F.W. FCerster, Jasond , mars 2012

deux choses: Il sert son semblable et il sert une image de Dieu, donc Dieu. C'est l'irrespect de l'autre qui est la cause de ces fossés entre les humains dans le monde.

L'indifférence et la négligence font souvent beaucoup plus de dégâts que l'aversion pure et simple.[28]

Premières négligences humaines

L'insensé dédaigne l'instruction de son père, mais celui qui a égard à la réprimande agit avec prudence.[29]

Adam et Eve sont les premières personnes négligentes de l'humanité. Eve fut tentée par le diable. Elle devait faire un choix entre l'ordre de Dieu et la proposition indécente de Satan. Elle choisit délibérément l'option de l'ennemi, céda aux tentations et réalisa le dessin de l'adversaire. Ici, il faut comprendre les notions de prudence, vigilance et d'attention pour comprendre le choix d'Eve entre la volonté de Dieu et l'offre de Satan. Par sa faiblesse d'esprit, elle obéit à Satan.

Adam non plus ne résista pas à l'offre d'Eve. Il succomba à la tentation qui passa par sa compagne Eve. Il s'agit pour lui aussi d'une question de priorité. Il a choisi de négliger

---

[28] J.K. Rowling
[29] Proverbes 15:5

l'ordre de Dieu pour exécuter la proposition de Satan. Adam est coupable d'une double négligence.

D'abord, il était trop négligent dans ses sentiments envers Eve au point qu'il ne pouvait utiliser sa diligence pour chasser les mauvaises suggestions loin d'elle.

Deuxièmement, après s'être rendu compte de l'erreur d'Eve, il n' a pas été assez vigilant pour décider de reprendre le droit chemin. Comme il chérissait Eve, il priorisa son sentiment pour elle tout en négligeant la volonté de Dieu, et plut à elle, ce qui sous-entend, il obéissait et exécutait le désir de sa compagne. Nous connaissons les conséquences de ces négligences pour ce couple et pour l'humanité toute entière.

La négligence est la rouille de l'âme, qui pénètre à travers toutes ses meilleures résolutions[30]

---

[30] Owen Feltham

2
GESTION DES DETAILS

Dieu est dans les détails[31]
Le diable est dans les détails[32]

Le concept "détail" est perçu, considéré et employé par les hommes de différentes façons. Les scientifiques s'attachent aux détails, et sont convaincus qu'un détail négligé peut gâcher des années de travail alors que pour les gens ordinaires il est vu comme quelque chose d'insignifiant, donc un poids à négliger ou ne pas prendre en compte quand on veut faire quelque chose de sérieux et de manière célère. La majorité des gens de la planète minimisent les détails et s'intéressent peu à leurs poids dans tout ce qui se

---

[31] Ludwig Mies Van der Rohe
[32] Friedrich Nietzsche

fait.

C'est quoi un détail? Le détail est - il important? Comment gérez - vous les détails? Le détail peut - il faire réussir ou échouer un projet quelconque?

C'est quoi exactement un "détail " ?

Au concept " détail " sont attribuées les définitions suivantes:

- Petite partie d'un ensemble
- Petit élément constitutif d'un ensemble, et qui peut être jugé comme secondaire[33]
- Chacune des parties qui concourent à la composition et à la formation d'un ensemble[34]
- Partie nécessitant d'être considérée séparément de l'ensemble[35]
- Tout petit élément d'une structure ou d'un ensemble, considéré comme une unité[36]

Les sens du concept "détail" varient comme suit:

Sens 1: Vente par petites quantités, par opposition à la vente en gros

---

[33] http://www.larousse.fr/dictionnaires/francais/ détail
[34] https://fr.wiktionary.org/wiki/ détail
[35] http://www.merriam-webster.com/dictionary/detail
[36] http://dictionary.reference.com/browse/detailing

Sens 2: Elément particulier d'un ensemble (les détails d'un événement)

Sens 3: Enumération précise de quelque chose

Sens 4: Elément secondaire, peu important[37]

De toutes ces définitions, il semble dégager pour le concept " *détail* " l'idée d'un élément considéré séparément dans un ensemble ou de quelque chose qui est secondaire, voire accessoire dans un tout.

En fait, le détail n'est pas un élément facultatif ou optionnel, ni un embellissement excessif, ni une décoration non désirée, mais il est une partie de l'ensemble et y joue un rôle prépondérant.

Le détail peut être tout élément d'un système dont la fonction n'est pas toujours évidente ou qui est sollicité au besoin. Les phares d'une voiture sont mises en marche quand la nuit tombe. Une voiture peut rouler toute la journée sans les phares. Les essuies - glaces d'une voiture sont particulièrement nécessaires quand il pleut.

Certaines fois, les détails qui sont peu sollicités dans un

---

[37] http://www.linternaute.com/dictionnaire/fr/definition/detail/

système peuvent se révéler encombrants voire inutiles pour ceux qui ne se rendent pas encore compte de leur nécessité.

Le détail d'un système est fort souvent indispensable à son fonctionnement. Dans certains cas rares, les détails peuvent être optionnels.

Perception des détails par l'homme

Les gens de toutes catégories appréhendent, s'approprient et traitent les détails de différentes manières. L'appréhension et l'appropriation des détails varient en fonction de plusieurs paramètres dont le niveau de connaissance et l'expérience y relative. Généralement, l'homme perçoit les détails en fonction de leur dimension, poids, l'espace temporel occupé et leurs rôles dans un ensemble.

Un scientifique ne conçoit pas, ni ne traite pas les détails de la même manière qu'un simple ouvrier. Le scientifique est convaincu que le détail doit être bien considéré pour ne pas fausser les résultats attendus ou faire échouer l'expérience scientifique. Il prête une attention soutenue au traitement des détails et est prêt à tout reprendre pour s'assurer que les détails sont pris en compte. Pour ce dernier, le détail comme élément de l'ensemble doit compter comme tous les autres.

Pour l'homme ordinaire, le détail est quelque chose d'insignifiant qu'il faut ignorer, voire éliminer dans certains cas. Il le voit comme une bagatelle ou une broutille qui peut consommer le temps si l'on y prête attention. Selon lui, le détail n'a pas de poids et ne peut pas impacter les résultats dans un sens ou dans l'autre. Quand tout marche bien, l'homme ordinaire ne voit pas de différence dans les systèmes avec ou sans les détails.

La perception des détails prend de la valeur à partir du niveau d'éducation d'une personne. Au fur et à mesure que son niveau d'éducation progresse, la perception de l'homme du détail croît. L'appréciation des détails est directement proportionnelle au niveau de formation d'un individu. L'élève en primaire peut se rendre compte qu'un accent omis sur la lettre "*a*" baisse sa note et l'élève en secondaire fait le même constat dans ses résultats quand il ne prend pas tous les chiffres de la fraction "1/*3* ". Le scientifique veille au détail pour n'avoir pas à reprendre le processus à chaque fois.

Plus la personne est formée, plus elle est encline à considérer le poids des détails dans tout ce qui se fait. Le vulgaire s'attache à ce qui est énorme et géant, et il n'arrive pas à apprécier ce qui est petit et à l'échelle micro. Un profane a du mal à accepter que les microbes ne peuvent pas être vus à l'œil nu. Puisqu'ils ne sont pas physiquement imposants à ses yeux, il doute tout simplement de leur existence.

En général, les femmes attachent plus d'importance aux détails pour différentes raisons. Leur sensibilité pour les détails parait certaines fois infondée pour les hommes qui ont toujours tendance à minimiser les petites choses qui intéressent les femmes.

Importance des détails

La vie comme la mort n'est faite que de détails[38]

Si le détail est une unité, comment peut - il ne pas être important quand on sait que tout ensemble est composé d'un ensemble d'unités? Les détails comptent et conditionnent la réussite de tout. Tout est fait d'un ensemble de détails nécessaires. Chaque détail compte en termes de quantité et de qualité. Si le détail n'était pas nécessaire, il ne serait pas un élément constitutif du système. Les détails sont conçus dans un esprit de

---

[38] Eric Hossam

connexion et d'interaction avec les autres parties de l'ensemble. Dans le corps humain, tous les détails sont interconnectés pour garantir un fonctionnement harmonieux.

La réussite d'une production repose sur l'attention prêtée aux détails[39]
Les détails sont essentiels à la satisfaction d'un besoin ou d'un désir. Aucun ouvrier ne peut répondre aux attentes de son patron si celui-ci ne lui communique pas les détails précis du travail à réaliser. Dans le cadre d'un contrat, tous les détails et toutes les spécifications doivent être mentionnés pour garantir la satisfaction des parties contractuelles. Un moindre détail manquant peut amener à tout renégocier, voire tout refaire dans certains cas.

Considérons une voiture, c'est un ensemble très complexe. Une voiture est composée de plusieurs milliers de petites parties que l'on peut appeler détails dans ce contexte. On peut énumérer les vis, boulons, écrous, tapis, l'accoudoir, le détonateur, la marchepied,......etc.

Tous ces éléments pris séparément sont - ils importants? Oui, et absolument oui. Quand l'un d'entre eux n'est pas là, quelque chose manque et nuit en partie ou bloque le

---
[39] David O. Selznick

fonctionnement de la voiture.

Une voiture peut fonctionner sans la marchepied, mais le chauffeur doit faire un effort pour y prendre place à cause de l'absence de ce dispositif qui facilite à tous l'accès à l'intérieur de la voiture. Il y a toute une différence entre la voiture munie de la marchepied et celle qui en est dépourvue. Pourquoi alors? La marchepied sert à quelque chose. Une voiture flambant neuve peut rester immobilisée à cause de l'absence ou du dysfonctionnement d'un détonateur qui ne coûte presque rien. Certainement, un détonateur qui coûte moins qu'un dollar peut bloquer le démarrage d'une voiture neuve. Un fil électrique d'un millimètre de diamètre coupé empêche l'alimentation électrique d'une voiture neuve dont toutes les autres parties fonctionnent parfaitement bien.

Une seconde est un détail du temps qui n'est pas considéré par un homme ordinaire. Le plus souvent, il n'est même pas perceptible pour ceux qui l'observent s'écouler. Cependant, dans les domaines techniques, une seconde peut être une éternité en tenant compte de ce qu'elle permet de réaliser et de son impact quand il est un retard. La lumière voyage à 300 000 km par seconde. Qu'est - ce que cette vitesse représente pour vous? Pendant une seconde, la lumière traverse 300 000 km, donc cet espace temporel est très important pour l'énergie lumineuse. Les ondes électromagnétiques comme la lumière parcourent le tour de la terre 7 fois et demi en une seconde. Vous pouvez vous rendre compte du bilan de la lumière en une seconde, que c'est extraordinaire!

Si ces ondes exigeaient 5 minutes pour atteindre 500 km, comment seraient possibles les communications téléphoniques? Il faudrait une semaine pour terminer une longue conversation téléphonique.

Dans une liaison par satellite, un délai de 240 millisecondes est occasionné par la montée du signal vers l'engin spatial et sa descente vers une station terrienne (120 millisecondes pour la montée et 120 millisecondes pour la descente). Que représentent 240 millisecondes aux yeux d'une personne ordinaire? Ce n'est rien, c'est un détail à ignorer. Ce n'est même pas compréhensible voire perceptible pour l'homme. Cependant, ce délai a un poids sur les transmissions des signaux par satellite. Une milliseconde est une seconde divisée en mille parties ou espaces temporels, c'est insaisissable! Une microseconde est une seconde divisée en un million d'espaces temporels; le moteur de recherche google affiche plus de 17 milliards de résultats pour le mot "facebook" pendant 0.34 seconde de recherche. Ce serait plus de 50 milliards de résultats pendant une seconde, soit environ 50 mille résultats par microseconde, c'est encore plus insaisissable pour l'homme!

Dans les télécommunications, de nombreuses opérations sont faites pendant une seconde, une milli seconde et une microseconde. Ce sont les avantages de ces détails qui nous offrent le confort dont nous nous régalons tant.

Dans une chaine de production automatique, quelques secondes d'arrêt ou de retard peuvent signifier que des dizaines de pièces ou produits ne sont pas fabriqués.

Dans un message écrit, il y a les lettres de l'alphabet et les signes de ponctuation qui y jouent un rôle crucial. Le choix d'utiliser des lettres alphabétiques spécifiques et des signes de ponctuation particulier est un choix justifié. Les virgules ne remplacent pas les points, non plus les points d'interrogation ne sont pas mis à la place des points d'exclamation.

On est obligé de réimprimer une lettre pour une virgule qui manque. Tous les détails doivent être à leur place pour avoir le résultat escompté. Analysez ces deux ordres pour mieux comprendre comment un simple mot peut faire toute une différence: *Arrêtez, pas tuez* et *arrêtez pas, tuez* ou encore *grâce pas, tuez et grâce, pas tuez.*

Une différence d'un millimètre dans la dimension d'une pièce empêche son installation dans un dispositif. Mais, 1 millimètre, c'est un millième d'un mètre. Cette mince couche additionnelle ne devrait pas déranger, dirait - on. La réalité est toute autre puisque 10 millimètres sont inferieurs à 11 millimètres.

Quelle différence faites - vous entre l'ordinaire et l'extraordinaire? Il existe dans la perception un monde de différence entre l'ordinaire et l'extraordinaire, mais dans les faits, il n' y a qu'un petit extra qui est ajouté à tout ce qui est ordinaire pour le transformer en extraordinaire. Un élève qui en plus de donner la réponse exacte à une question fait une action extraordinaire quand il explique sa réponse.

Les détails du corps humain

Le corps humain est fait d'un ensemble de détails. Dieu a conçu le corps humain avec des détails qui ne sont ni facultatifs, ni optionnels. Certainement, toutes les petites parties du corps humain ont leur raison d'être et jouent leurs rôles au moment opportun. Dieu est un Dieu de détails et demande des comptes pour les détails. Combien de cellules dans le corps humain? Combien de globules dans le corps humain?

La seule différence que je connaisse entre la mort et la vie, c'est qu'à présent vous vivez en masse, et que dissous, épars en molécules, dans vingt ans d'ici vous vivrez en détail[40]

Le corps humain d'un adulte héberge en moyenne 100000 milliards de cellules (10 puissance 14). Chaque seconde, 2000 cellules meurent naturellement, soit 50 à 70 milliards par jour. Elles se renouvellent périodiquement suivant leurs nécessités pour le corps humain.

Quelle est la taille d'une cellule? Une cellule mesure en moyenne une dizaine de micromètres, soit 0.00001 mètre. C'est vraiment insaisissable pour l'homme. Le poids d'une cellule quoique infiniment petit a une certaine valeur susceptible d'être considérée.

Il existe en moyenne dans l'organisme humain entre 4000 et 10 000 globules blancs par millimètre cube. Un volume d'un millimètre cube devrait vous faire penser à quelque chose d'infiniment petit. Ces globules blancs luttent contre les bactéries et les virus.

Il faut en moyenne 5 millions de globules rouges pour un volume d'un millimètre cube. Leurs rôles consistent à

---

[40] Diderot Epistolier

transporter l'oxygène entre les poumons et les organes. Quand le nombre baisse, il y a risque d'anémie.

Le squelette d'un adulte a 206 os, et chacun d'eux est utile à quelque chose. Il n'existe pas un os qui ne soit pas conçu pour une raison bien spécifique. Le cerveau humain est composé de 100 milliards de neurones qui établissent 10 000 connexions avec d'autres neurones.

Tous les détails du corps humain sont nécessaires, c'est - à - dire, qu'ils ont des fonctions spécifiques. L'homme ne bénéficie pas du même équilibre quand il perd un orteil. Le cérumen fabriqué par l'oreille est utile au corps tout entier, il a une fonction nettoyante et protectrice. Il existe une relation d'interdépendance entre les différents détails du corps de l'homme. Les yeux cherchent le chemin, le cerveau décide de la direction et les pieds marchent. Le rythme cardiaque de l'homme qui varie d'une tranche d'âge à une autre et de l'état de repos au mouvement est un indicateur important dans la détermination de l'état de santé.

Beaucoup de gens ne voient pas l'utilité des poils du nez et de l'œil. Ces poils considérés comme des détails jouent un rôle important dans la protection de l'homme. Ceux du nez sont des filtres qui bloquent une quantité énorme de poussière qui pourrait être nocive pour le corps humain. Sans ces poils du nez, l'homme serait plus vulnérable face à la poussière. Les poils du cil sont également des filtres qui filtrent la poussière qui devrait atteindre les yeux. Tous les poils du corps, où qu'ils se trouvent, ont leur rôle à jouer. L'homme n'est pas seulement composé de détails biologiques ou physiques, mais d'autres particularités d'ordre moral et social font partie intégrante de sa vie.

Quand les détails de la vie d'un homme ne sont pas satisfaits ou pris en compte dans un contexte donné, il sent un sentiment de rejet et a l'impression d'être incompris.

D'où vient l'importance des détails?

L'importance des détails vient du fait que tout système fonctionne grâce à ses détails. Si tous les détails ne sont pas mobilisés en même temps pour le faire fonctionner, mais la plupart de ses parties doivent être mises en marche à cette fin.

Pour se laver, le corps humain fait appel à différents détails le composant pour réaliser cette tâche. De même pour bailler, l'homme mobilise plusieurs muscles et organes.

Le démarrage d'une voiture exige la mobilisation de la majorité de ses composantes.

Quand un centime manque à un million de dollars, il n'est plus question de million, le montant est quelque chose d'autre.

Dans un système quelconque, le fonctionnement des détails se synchronise pour pouvoir donner le résultat attendu. L'air conditionné d'une voiture doit attendre la mise en marche du moteur pour qu'il commence à circuler à l'intérieur du véhicule. Il existe une interrelation dans le fonctionnement de tout système de toute structure.

Les détails spécifiques peuvent être des forces. Le bâton de Moise ne représentait rien devant les défis à relever pour le peuple d'Israël. La fronde de David n'était en rien comparable avec la force de David.

Négligence des détails

Une poignée d'hommes parvient à s'enrichir simplement en prêtant attention aux détails que la plupart des gens négligent[41]

Peut - on envisager une négligence temporaire des détails? Pourquoi laisser tomber quelques détails certaines fois? Quels détails faut - il négliger pendant un moment? Quand prendre cette décision ?

---
[41] Henry Ford

Il arrive à tout le monde de laisser tomber les détails. On peut être précautionneux dans un domaine, et négligent dans un autre.

Tout dépend des détails et priorités du moment. Il faut choisir les opportunités pendant lesquelles l'on doit tenir compte ou négliger les détails. La négligence temporaire des détails peut être envisagée dans certains cas par rapport aux priorités de l'heure.

Le conducteur d'une voiture sans phare peut rouler en toute quiétude pendant la journée. A la nuit tombée, il n'a plus ce loisir.

Négliger quelques détails dans certains cas doit être un choix rationnel. En s'amusant à laisser tomber fréquemment les détails, on risque de tout perdre, car ce sont ces éléments considérés comme insignifiants qui constituent le socle de votre vie et la garantie de votre réussite.

Un scientifique peut ne pas négliger les détails dans son travail scientifique, mais ignore tant de choses dans sa vie personnelle ou privée. Un Ingénieur civil peut être très méticuleux dans le calcul du béton armé alors qu'il ne se soucie pas de vérifier le niveau d'acide dans la batterie de sa voiture. Alors qu'il se précipite pour aller appliquer les calculs rigoureux, la voiture ne peut pas démarrer à cause du niveau d'acide trop bas dans sa batterie..

Un médecin peut être très rigoureux dans l'exercice de sa profession et traite de nombreux patients, mais il peut ne pas pouvoir gérer sa langue en traitant les patients de n'importe quelle manière. L'utilisation de la langue devrait être un allié de sa profession, et non un adversaire.

Tout le monde néglige en connaissance de cause ou par ignorance des détails qui peuvent compromettre de nombreuses choses. Cependant, certains groupes d'individus négligent davantage que d'autres.

Quelqu'un qui néglige les détails de sa vie spirituelle peut être très méticuleux dans ses activités académiques. La femme qui soigne régulièrement son look peut laisser sa chambre dans un état d'insalubrité extrême. Le médecin qui est très sensible à son hygiène corporelle peut ne pas accorder trop d'importance à l'encadrement dont les enfants ont besoin.

Impacts des détails

Le bonheur vient de l'attention prêtée aux petites choses, et le malheur de la négligence des petites choses[42]

Quand un détail manque, on s'en aperçoit ou il suscite un problème. L'impact des détails est surtout senti quand ils gâchent la fête ou font perdre gros.

L'impact du détail s'explique par sa conséquence positive ou négative sur le fonctionnement d'un système. Quand les détails sont bien pris en compte, il est question de la bonne marche des structures, donc on peut parler d'impacts positifs. Quand le détail est négligé en connaissance de cause ou par ignorance, son absence se fait sentir. Le fonctionnement du système n'est pas optimal. On fait face, dans ce cas, à des conséquences négatives.

Prenons le sel comme un détail parmi tous les détails. Que se passe t-il quand il est présent dans la nourriture? En jouant son rôle, il rend le plat consommable. Quand il n'est pas disponible, toutes les bouches en parlent et font l'éloge de sa vertu et le cherchent pour donner du goût au repas.

Une virgule change positivement ou négativement le sens d'une phrase, donc de toute la lettre. En droit, aucune

---

[42] Proverbe chinois

omission ne doit être faite sans une réflexion préalable. *Un mot et tout est perdu, un mot et tout est sauvé* disait André Breton. Les avocats ne veulent pas perdre les procès pour un mot de trop ou un mot en moins. Les discours des chefs d'Etat du monde sont rédigés par une équipe de conseillers et révisés par une autre équipe pour s'assurer que tout détail nécessaire y est pour qu'ils puissent avoir l'impact escompté. Entre *et* et *ou*, il y a des détails qu'il faut considérer. Sur un compte en banque, si la signature du comptable en chef et celle de l'administrateur sont requises pour valider une transaction, c'est - à- dire, les deux signatures sont obligatoires, aucun chèque ne peut être payé si l'un d'eux est absent. Cependant, la situation serait tout autrement si les signatures étaient liées par ou, ainsi n'importe lequel des deux peut signer un chèque pour faire la transaction sans la présence de l'autre.

De même dans un contrat, il faut prêter attention aux détails. Il y a un monde de différence entre toujours et jamais. Des gens perdent des fortunes pour un seul mot.

Un médicament ne peut pas avoir l'effet attendu si ses détails ne sont pas appliqués. Le mode d'emploi d'un médicament quelconque est essentiel à son efficacité.

En mathématiques, tous les élèves ont fait au moins une fois de leur vie une expérience douloureuse avec le signe moins (-). Cette petite barre horizontale a déjà dérangé tout un chacun soit au cours du traitement des exercices de mathématiques, soit dans un examen de mathématiques. On peut perdre une heure à chercher la cause de l'erreur dans la résolution d'un problème de mathématiques, et on peut tout carrément échouer dans un examen à cause de ce petit signe moins. Qui aurait cru qu'un signe moins peut faire autant de gâchis? Les élèves qui prêtent attention à ce signe résolvent le problème de mathématiques correctement et obtiennent la note y relative alors que les autres n'y parviennent pas et doivent dans certains cas reprendre le cours.

L'importance des détails dans les rapports comptables ou dans les audits n'est plus à démontrer. En effet, quelques centimes en moins font perdre beaucoup de temps. Les auditeurs des grandes entreprises doivent chercher à la loupe les pièces justificatives pour des dépenses inferieures à 100 dollars. Ce petit montant représente un détail devant les millions de dollars que l'entreprise brasse comme chiffre d'affaires. Cette somme apparemment insignifiante peut susciter des enquêtes sur toutes les personnes susceptibles d'être impliquées dans ce détournement d'argent. Dans certains cas, la prison peut être envisagée comme punition pour les fautifs.

Dans la vie d'un couple, la gestion des détails peut faire toute une différence. Le bonheur de la femme est tributaire d'un ensemble de détails. Mais si le mari ignore les détails de sa femme ou les néglige, son épouse se sentira lésée et non comprise. Cette situation peut déboucher sur le divorce. Les détails de la femme peuvent être ses désirs, attentes, goûts et aspirations. Elle peut aimer la plage, le cinéma, les randonnées, etc. Ce sont ses détails chers à elle et qui la font sentir bien dans sa peau.

L'homme a aussi des détails dont la femme doit s'occuper pour prouver à son mari qu'elle l'aime vraiment. Les détails de l'homme peuvent être le sport, la course, la marche, etc.

Quand l'un des partenaires connait et s'exerce à satisfaire les détails de l'autre, il y a forcément joie et satisfaction au sein du couple. Toute personne se sent confortable là où ses désirs sont pris en compte. Ce sont les petites attentions qui font les plus belles relations du monde.

La conduite nocturne sous la pluie exige le fonctionnement de nombreux éléments d'une voiture. Les phares, les balais et le climatiseur sont, entre autres, les détails qui seront sollicités à ce moment précis. Une réaction d'une seconde permet d'éviter un accident de la circulation. Une manœuvre aéronautique retardée de quelques secondes peut provoquer le crash d'un avion.

Dieu est effectivement dans les détails. Quand tous les détails sont considérés et pesés dans une initiative, la réussite est garantie. En d'autres termes, tout ce qui peut garantir le succès de l'entreprise n'est pas négligé. C'est un peu comme un combattant qui met toutes les forces et les atouts de son côté. On peut même extrapoler pour dire que la force et la puissance sont dans les détails. Généralement, quand les précautions permettent qu'une initiative réussisse, on attribue le succès à l'implication de Dieu dans le projet.

Le diable est aussi dans les détails. Quand quelque chose échoue par manque d'attention et de précision, on pointe forcément du doigt un bouc émissaire. De nombreuses initiatives sont mort- nées à cause des détails qui n'ont pas été pris en compte dès le départ. Pour justifier son manque de soin et de précision, le diable est souvent mis faussement en accusation.

3
POSITION DE DIEU VIS - A - VIS DE LA NEGLIGENCE

La Bible aborde - t - elle la notion de " Négligence"? Comment Dieu considère - t- Il la négligence? La négligence est - elle un péché? Peut - on faire plaisir à Dieu tout en étant négligent?

Versets bibliques relatifs à la négligence
La bible aborde la question de la négligence humaine. Le Livre des livres parle des conséquences de la négligence de l'homme et montre comment s'en sortir pour pouvoir plaire à Dieu et accomplir sa destinée.

Selon la concordance de la Bible de Jérusalem, les termes " Négligence", "négligent" " négliger" ne sont employés que

28 fois dans toute la Bible. La négligence est d'abord comprise comme un "manque de vigilance" dans ce que Dieu demande à Son peuple. La conséquence d'une telle négligence coupable envers Dieu est la mort.[43]

Les principaux versets bibliques relatifs à la négligence sont repris ici pour vous en convaincre.

Maintenant, mes fils, cessez d'être négligents; car vous avez été choisis par l'Éternel pour vous tenir à son service devant lui, pour être ses serviteurs, et pour lui offrir des parfums.[44]

Celui donc qui sait faire ce qui est bien, et qui ne le fait pas, commet un péché.[45]

Veillez et priez, afin que vous ne tombiez pas dans la tentation; l'esprit est bien disposé, mais la chair est faible.[46]

Maudit soit celui qui fait avec négligence l'œuvre de l'Éternel, maudit soit celui qui éloigne son épée du carnage![47]

---

[43] La négligence dans l'exercice des charges: approche en droit canonique penal, Millot Guillaume,
Pontificia Univ. Gregoriana, 2014
[44] 2 Chroniques 29:11
[45] Jacques 4:17
[46] Matthieu 26: 41
[47] Jérémie 48: 10

La paresse fait tomber dans l'assoupissement, et l'âme nonchalante éprouve la faim. Celui qui garde ce qui est commandé garde son âme; celui qui ne veille pas sur sa voie mourra.[48]

L'insensé dédaigne l'instruction de son père, mais celui qui a égard à la réprimande agit avec prudence.[49]

Il est bon que tu retiennes ceci, et que tu ne négliges point cela; car celui qui craint Dieu échappe à toutes ces choses.[50]

Josué dit aux enfants d'Israël: Jusques à quand négligerez-vous de prendre possession du pays que l'Éternel, le Dieu de vos pères, vous a donné?[51]

Comment échapperons-nous en négligeant un si grand salut, qui, annoncé d'abord par le Seigneur, nous a été confirmé par ceux qui l'ont entendu.[52]

La crainte de l'Éternel enseigne la sagesse, et l'humilité précède la gloire.[53]

---

[48] Proverbes 19 :15 - 16
[49] Proverbes 15:5
[50] Ecclésiaste 7:18
[51] Josué 18 : 3
[52] Hébreux 2:3
[53] Proverbes 15: 33

D'autres versets bibliques relatifs à la négligence peuvent être consultés: Proverbes 11:14, Matthieu 7:26, Matthieu 6:25, Marc 7: 8 - 9, 1 Timothée 4:14 -16, 1 Timothée 4:1 - 2 et Apocalypse 3:2.

La négligence est - elle un péché?

Celui donc qui sait faire ce qui est bien, et qui ne le fait pas, commet un péché. Jacques 4:17

Il est évident que la négligence est un péché. Du point de vue strictement morale, ce manque d'attention à ce qui doit être fait est inacceptable et condamnable.

Le simple oubli, le manque de vigilance, la paresse, la nonchalance, le mépris des conseils, la tiédeur sont des causes de péché.[54]

La négligence est en soi un péché et peut entrainer d'autres formes de péchés tels que le vol, l'homicide involontaire, etc.

La négligence est un péché mortel nous dit la Bible, car celui qui est négligent tombe dans la mort.

---

[54] La négligence dans l'exercice des charges: approche en droit canonique penal, Millot Guillaume,
Pontificia Univ. Gregoriana, 2014

De combien de façons l'homme peut - il pécher contre Dieu et ses semblables?

L'homme pèche en pensée, parole, par action et omission.

Par la pensée: Les mauvaises pensées de l'hommes, les suggestions du diable non condamnées sont des intentions qui se convertiront en paroles et en actions. Comme la pensée était mauvaise, donc la parole qui la symbolise et l'action qui la matérialise sont nécessairement un péché.

Mais chacun est tenté quand il est attiré et amorcé par sa propre convoitise. Puis la convoitise, lorsqu'elle a conçu, enfante le péché; et le péché, étant consommé, produit la mort.[55]

La pensée de la folie n'est que péché, et le moqueur est en abomination parmi les hommes.[56]

Les pensées mauvaises sont en horreur à l'Éternel, mais les paroles agréables sont pures à ses yeux.[57]

Par la parole: L'homme peut aussi pécher par ses paroles. Certainement, ses paroles peuvent le souiller et mettre une séparation entre Dieu et lui. Les paroles de l'homme doivent être impeccables puisqu'elles sont le canal qui le connecte avec son Créateur.

---

[55] Jacques 1: 14 - 15
[56] Proverbes 24 : 9
[57] Proverbes 15: 26

Ce n'est pas ce qui entre dans la bouche qui souille l'homme; mais ce qui sort de la bouche, c'est ce qui souille l'homme.[58]

Tu ne porteras point de faux témoignage contre ton prochain.[59]

Une réponse douce calme la fureur, mais une parole dure excite la colère. La langue des sages rend la science aimable, Et la bouche des insensés répand la folie. Les yeux de l'Éternel sont en tout lieu, Observant les méchants et les bons. La langue douce est un arbre de vie, mais la langue perverse brise l'âme.[60]

Par les actions: Les actions de l'homme peuvent être des péchés contre Dieu, son prochain et lui - même.

Toutes les actions qui ne correspondent pas à la volonté de Dieu sont des péchés. Le meurtre, le vol et l'adultère sont des actions condamnées et interdites par Dieu. Toutes les autres actions contraires au plan de Dieu sont tout simplement des péchés.

Tu ne tueras point. Tu ne commettras point d'adultère. Tu ne déroberas point.[61]

---

[58] Matthieu 15:11
[59] Exode 20:16

[60] Proverbes 15: 1 - 4
[61] Exode 20: 13 -15

Par omission: Nous péchons tous par négligence, c'est - à - dire, par omission. Nous savons ce qui est bien et nous ne le faisons pas de manière consciente ou inconsciente. Ce péché qu'est l'omission, nous le commettons envers nous - mêmes, les autres et Dieu. Certainement nous péchons par négligence chaque fois que nous fermons les yeux sur un bien qui doit être fait. En négligeant de veiller sur votre vie vous vous exposez au pire des choses.

Veille sur toi-même et sur ton enseignement; persévère dans ces choses, car, en agissant ainsi, tu te sauveras toi-même, et tu sauveras ceux qui t'écoutent.[62]

Le refus de répondre au besoin d'un frère par manque d'attention et de sensibilité humaine.

Si quelqu'un possède les biens du monde, et que, voyant son frère dans le besoin, il lui ferme ses entrailles, comment l'amour de Dieu demeure-t-il en lui?[63]

L'incapacité à servir Dieu à travers les besoins des autres.
Car j'ai eu faim, et vous m'avez donné à manger; j'ai eu soif, et vous m'avez donné à boire; j'étais étranger, et vous m'avez recueilli; j'étais

---

[62] 1 Timothée 4: 16
[63] 1 Jean 3: 17

nu, et vous m'avez vêtu; j'étais malade, et vous m'avez visité; j'étais en prison, et vous êtes venus vers moi. Les justes lui répondront: Seigneur, quand t'avons-nous vu avoir faim, et t'avons-nous donné à manger; ou avoir soif, et t'avons-nous donné à boire? Quand t'avons-nous vu étranger, et t'avons-nous recueilli; ou nu, et t'avons-nous vêtu? Quand t'avons-nous vu malade, ou en prison, et sommes-nous allés vers toi? Et le roi leur répondra: Je vous le dis en vérité, toutes les fois que vous avez fait ces choses à l'un de ces plus petits de mes frères, c'est à moi que vous les avez faites.[64]

Les lois humaines condamnent et punissent toute forme de négligence. La négligence est un péché sous toutes ses formes. L'homme est appelé à prendre soin de lui dans tous les aspects de sa vie, donc l'auto-négligence est une violation de ce principe. Toute omission volontaire ou involontaire du bien est un péché.

L'homme doit veiller sur sa vie physique, morale et spirituelle de manière continue; tout manquement dans l'un de ces aspects est une désobéissance à Dieu.

Du point de vue de l'autre, la négligence est un péché. La Bible demande d'aimer son prochain comme soi - même; chaque fois qu'un manque d'attention à l'égard de l'autre lui est préjudiciable à un niveau donné, il s'agit d'un péché.

---

[64] Matthieu 25: 35- 40

Toutes vos prestations en faveur de l'autre doivent être excellentes.

Tu aimeras ton prochain comme toi - même.[65]

Tout ce que vous faites, faites-le de bon cœur, comme pour le Seigneur et non pour des hommes, sachant que vous recevrez du Seigneur l'héritage pour récompense. Servez Christ, le Seigneur.[66]

Etant donné que l'omission n'est pas toujours remarquable, très peu de gens peuvent se rendre compte qu'ils commettent ce péché constamment. Combien de fois péchons - nous par omission par jour.

Il semble logique que nous péchons plus par omission qu'en pensée, paroles ou par action pendant une journée. Combien de bonnes choses que nous décidons de ne pas faire par heure, par jour et par mois? Combien de bons actes sont fréquemment ratés ou omis?

---

[65] Matthieu 22: 39
[66] Colossiens 3: 23 -24

Pourquoi Dieu s'oppose - t - il à la négligence?

La négligence est un obstacle au plan de Dieu pour l'humanité.

Dieu s'oppose à la négligence pour plusieurs raisons:

1.- La négligence est une paresse spirituelle condamnable

Cette paresse spirituelle appelée encore acédie[67] est contraire à l'esprit de Dieu qui fait toujours montre de force, de puissance et de vigilance. Ce mal de l'âme s'exprime par un dégoût pour les activités spirituelles dont la prière, la lecture biblique, etc. Dieu est esprit. Son esprit est sa force. Il ne peut pas tolérer aucune forme de faiblesse spirituelle qui ne pourra rien produire. Cette paresse spirituelle qui se manifeste par une indifférence vis - à - vis des choses de Dieu peut mettre une séparation entre Dieu et l'homme. Le chrétien doit être sensible à toutes manifestations spirituelles divines. Une acédie est une forme d'insensibilité spirituelle qui devient un poison pour la vie du chrétien. La négligence est une anémie spirituelle qui empêche la croissance du chrétien.

Celui qui garde ce qui est commandé garde son âme; Celui qui ne

---

[67]État spirituel de mélancolie dû à l'indifférence, au découragement ou au dégoût http://www.larousse.fr/dictionnaires/francais/acedie/186146

veille pas sur sa voie mourra.[68]

Il est bon que tu retiennes ceci, et que tu ne négliges point cela; car celui qui craint Dieu échappe à toutes ces choses.[69]

2.- Dieu est dans les détails

Dieu s'intéresse aux détails qualitativement et quantitativement. Il est un Dieu des détails. Dans le livre d'Exode (Exode 25), Dieu donna des ordres et des instructions précis pour la construction du tabernacle. Il décrit l'arche, la table et le chandelier. Le chapitre 26 du livre Exode se consacre à la description détaillée du tabernacle. Le chapitre 27 fait quant à lui la description détaillée de l'autel des holocaustes et du parvis. Les chapitres 35 à 40 du livre d'Exode fournissent des détails plus précis pour l'accomplissement du plan de l'Eternel.

Passons en revue quelques détails que Dieu donna pour la réalisation de son projet. Parmi ces spécifications: les matériaux précis, les couleurs des étoffes, des peaux d'animaux spécifiques, d'huiles spécifiques, des pierres précises. Dieu précisa les matériaux et les dimensions de l'arche et de la table. Il donna également des instructions

---

[68] Proverbes 19:16
[69] Ecclésiaste 7:18

précises pour le chandelier d'or. Des détails précis ont été également fournis relatifs aux couvertures, aux planches, aux bases, au revêtement et au voile intérieur. Une lecture des chapitres 25 à 27 et 35 à 40 du livre d'Exode vous convaincra davantage de l'importance des détails aux yeux de Dieu.

Rien n'est laissé au hasard dans les choses de Dieu. Dieu qui a décidé du nombre de cellules du corps humain ne peut pas tolérer des produits dont leur réalisation est purement aléatoire. Dieu n'acceptera aucun sacrifice de ses enfants sans les détails précis. Aucun détail ne doit manquer à ce qui est dédié à Dieu. Des précisions à un millimètre près ne sont pas suffisantes aux yeux de Dieu.

3.- *Accomplissement de ses œuvres*

Dieu veut que nous accomplissions ses œuvres avec perfection. Or la négligence est un obstacle à toute forme de perfection. Dieu peut se révolter contre quiconque le Sert sans respect. *Maudit soit celui qui fait avec négligence l'œuvre de l'Eternel*. Le ministère que Dieu confie à chacun de nous doit être exercé avec soin et exactitude.[70]

Car nous sommes son ouvrage, ayant été créés en Jésus Christ pour de

---

[70] 2 Chroniques 29:11

bonnes œuvres, que Dieu a préparées d'avance, afin que nous les pratiquions.[71]

Et il a donné les uns comme apôtres, les autres comme prophètes, les autres comme évangélistes, les autres comme pasteurs et docteurs, pour le perfectionnement des saints en vue de l'œuvre du ministère et de l'édification du corps de Christ.[72]

Ainsi parle l'Éternel des armées: Considérez attentivement vos voies! Montez sur la montagne, apportez du bois, Et bâtissez la maison: J'en aurai de la joie, et je serai glorifié, Dit l'Éternel.[73]

4.- Service à l'humanité

L'homme doit servir son prochain avec respect et dignité humaine. Quand le serviteur est envahi par la négligence, ses prestations pour l'autre ne sont pas soigneuses. Ce manquement affecte à la fois la qualité et la quantité de services qu'il doit fournir à son prochain.

Dieu demande de servir les autres avec le même respect qui lui est dû.

Tout ce que vous faites, faites-le de bon cœur, comme pour le Seigneur

---

[71] Ephésiens 2:10
[72] Ephésiens 4: 11 - 12
[73] Aggée 1: 7- 8

et non pour des hommes.[74]

Honorez tout le monde; aimez les frères; craignez Dieu; honorez le roi.[75]

Comment Jésus - Christ voit - il la négligence?

Jésus - Christ est contre la négligence sous toutes ses formes. Il a fait preuve de vigilance dans sa propre vie humaine. Il était toujours sur ses gardes contre les attaques de l'ennemi.

Sa mission ne serait pas accomplie s'il s'était laissé mener par la négligence.

L'Esprit du Seigneur est sur moi, parce qu'il m'a oint pour annoncer une bonne nouvelle aux pauvres; il m'a envoyé pour guérir ceux qui ont le cœur brisé, pour proclamer aux captifs la délivrance, et aux aveugles le recouvrement de la vue, pour renvoyer libres les opprimés, pour publier une année de grâce du Seigneur.[76]

Il leur dit: Pourquoi me cherchiez-vous? Ne saviez-vous pas qu'il faut que je m'occupe des affaires de mon Père?[77]

---

[74] Colossiens 3: 23
[75] 1 Pierre 2: 17
[76] Luc 4: 18 - 19
[77] Luc 2: 49

Grâce à son attention, la mission qui lui a été confiée est remplie sans manquer un détail. Si Jésus - Christ était négligent dans sa mission, quel serait le sort du monde aujourd'hui?

Jésus - Christ s'intéresse aux détails

Il a mis en garde tous ceux qui seraient tentés de supprimer l'un de ces petits commandements, donc un détail des commandements. Le Seigneur va encore plus loin en faisant allusion au iota ou un seul trait de lettre pour bien enseigner sa leçon. Il a prévu une punition contre les gens coupables de négligence vis - à - vis de ses lois.

Car, je vous le dis en vérité, tant que le ciel et la terre ne passeront point, il ne disparaîtra pas de la loi un seul iota ou un seul trait de lettre, jusqu'à ce que tout soit arrivé. Celui donc qui supprimera l'un de ces plus petits commandements, et qui enseignera aux hommes à faire de même, sera appelé le plus petit dans le royaume des cieux; mais celui qui les observera, et qui enseignera à les observer, celui-là sera appelé grand dans le royaume des cieux.[78]

---

[78] Matthieu 5: 18 -19

Dans la parabole des brebis, Jésus voulait montrer qu'une brebis sur 100 compte et qu'elle ne doit pas être négligée sous aucun prétexte.

Quel homme d'entre vous, s'il a cent brebis, et qu'il en perde une, ne laisse les quatre-vingt-dix-neuf autres dans le désert pour aller après celle qui est perdue, jusqu'à ce qu'il la retrouve? Lorsqu'il l'a retrouvée, il la met avec joie sur ses épaules, et, de retour à la maison, il appelle ses amis et ses voisins, et leur dit: Réjouissez-vous avec moi, car j'ai retrouvé ma brebis qui était perdue.[79]

Pourquoi le Saint - Esprit ne peut pas collaborer avec la négligence?

Le Saint - Esprit dans ses fonctions de consolateur, de guide et d'enseignant ne saurait faire les choses avec négligence. *Mais le consolateur, l'Esprit Saint, que le Père enverra en mon nom, vous enseignera toutes choses, et vous rappellera tout ce que je vous ai dit.*[80]

Le Saint - Esprit enseignera toutes choses, donc aucun détail ne sera omis dans son enseignement. C'est un professeur qui ne peut pas faire d'erreur.

Comment le chrétien doit - il gérer la présence du Saint -

---

[79] Luc 15 : 4 - 6
[80] Jean 14: 26

Esprit?

Le Chrétien doit garder l'esprit vivant et allumé en lui pour qu'il puisse continuer à bénéficier de ses directives, de sa consolation et de ses enseignements.

Ne néglige pas le don qui est en toi, et qui t'a été donné par prophétie avec l'imposition des mains de l'assemblée des anciens.[81]

N'éteignez pas l'Esprit. Ne méprisez pas les prophéties.[82]

J'ai encore beaucoup de choses à vous dire, mais vous ne pouvez pas les porter maintenant. Quand le consolateur sera venu, l'Esprit de vérité, il vous conduira dans toute la vérité; car il ne parlera pas de lui-même, mais il dira tout ce qu'il aura entendu, et il vous annoncera les choses à venir. Il me glorifiera, parce qu'il prendra de ce qui est à moi, et vous l'annoncera. Tout ce que le Père a est à moi; c'est pourquoi j'ai dit qu'il prend de ce qui est à moi, et qu'il vous l'annoncera.[83]

Le souffle de l'homme est une lampe de l'Éternel; Il pénètre jusqu'au fond des entrailles.[84]

---

[81] 1 Timothée 4: 14
[82] 1 Thessaloniciens 5: 18 - 19
[83] Jean 16 : 12 - 15
[84] Proverbes 20: 27

L'esprit de l'homme doit rester toujours allumé et activé pour pouvoir établir un contact avec l'Esprit - Saint. En restant toujours allumé, il peut être utile à quelque chose. L'homme ne peut coopérer avec le Saint - Esprit qu'à travers son esprit.

Quand l'esprit humain est désactivé, c'est - à- dire, déconnecté des liens avec Dieu, il est dans les ténèbres. Si l'esprit humain dévie de sa voie normale, il devient isolé du Saint Esprit et perd son contact, donc sa lumière.

Il demeure au final que les détails qu'ils soient spirituels ou physiques sont précieux aux yeux de Dieu, de Jésus - Christ et du Saint Esprit. Il est également démontré que la négligence est une abomination aux yeux de la trinité.

Dieu et le traitement des négligents

Dieu traite la négligence avec rigueur. En effet, Dieu punit sévèrement cette paresse spirituelle.

Les premiers humains à payer les conséquences de leurs négligences furent Adam et Eve.

Saül paya les conséquences de ses actions insensées. Dieu écourta son règne et s'est choisi un autre homme selon son cœur.[85] Un peu plus loin, sa sanction devint pire: il est rejeté par l'Eternel pour sa désobéissance, c'est - à- dire, son manque de respect et son manque d'application.[86]

La parabole des talents est une bonne illustration de ce que peut arriver quand on néglige les dons et talents. Les deux premiers serviteurs ont fait fructifier leurs talents; ce qui leur attira la grâce du Seigneur. Le troisième serviteur négligent et paresseux n'a pas fait fructifier son talent. Au retour du maitre, il fabriqua des arguments tels que la dureté de son patron et sa peur pour ne pas investir son talent. Les conséquences de cette négligence sur le troisième serviteur sont terribles. Son maitre le qualifia de serviteur méchant et paresseux et fit ôter le talent confié. De plus, il ordonna que ce serviteur paresseux soit jeté dans les ténèbres du dehors, où il y aura des pleurs et des grincements de dents.[87]

Les cinq vierges folles de la parabole des dix vierges de Matthieu 25: 1 - 13 sont une forme de négligence dont les conséquences sont remarquables. Ces cinq femmes par

---

[85] 1 Samuel 13: 13 - 14
[86] 1 Samuel 15: 23
[87] Matthieu 25 : 14 - 30

manque d'attention ne prenaient pas d'huile pour alimenter leurs lampes. Toutes les démarches entreprises au dernier moment sont restées inutiles, car il était déjà trop tard. A cause de leur négligence, ces cinq folles ont essuyé une défaite devant le Seigneur qui eut à leur dire " *Je ne vous connais pas* "

4
VOTRE VIE ET LA NEGLIGENCE

Les conséquences des négligences de toutes sortes sont évidentes et palpables dans nos vies. Nous en souffrons tous depuis la naissance jusqu'à la mort. Les auteurs de la négligence sont les principales victimes. Leurs semblables et les services aux autres sont souvent la cible de ces manquements conscients ou inconscients.

La négligence a - t - elle des conséquences négatives sur votre vie? Êtes - vous déjà victime de la négligence des autres? Votre négligence est - elle la cause de la souffrance des autres?

Missions de votre vie sur la terre

Car nous sommes son ouvrage, ayant été créés en Jésus Christ pour de bonnes œuvres, que Dieu a préparées d'avance, afin que nous les pratiquions.[88]

Car je connais les projets que j'ai formés sur vous, dit l'Éternel, projets de paix et non de malheur, afin de vous donner un avenir et de l'espérance.[89]

Les missions communes à tout le monde sont l'obligation de multiplication et la responsabilité de domination sur la terre.

Puis Dieu dit: Faisons l'homme à notre image, selon notre ressemblance, et qu'il domine sur les poissons de la mer, sur les oiseaux du ciel, sur le bétail, sur toute la terre, et sur tous les reptiles qui rampent sur la terre.

Dieu créa l'homme à son image, il le créa à l'image de Dieu, il créa l'homme et la femme.

Dieu les bénit, et Dieu leur dit: Soyez féconds, multipliez, remplissez la terre, et l'assujettissez; et dominez sur les poissons de la mer, sur les oiseaux du ciel, et sur tout animal qui se meut sur la terre.[90]

L'Éternel Dieu prit l'homme, et le plaça dans le jardin d'Éden pour

---

[88] Ephésiens 2:10
[89] Jérémie 29:11
[90] Genèse 1:26 - 28

le cultiver et pour le garder.[91]

Dieu appelle chacun de Ses fils et filles à dominer sur la terre et tout ce qui s'y trouve. Comment l'homme peut - il dominer et assujettir? Certainement par la force et la vigilance. La faiblesse et la négligence ne sont pas des alliées de la victoire. La force est l'outil indispensable à la domination. Des ressources de toutes sortes sont indispensables à la domination, la croissance et à l'assujettissement de la terre.

Pour chaque besoin, il y a des provisions spirituelles.

A l'époque de la naissance de Samuel, les visions de l'Eternel étaient rares. Il fallait la présence de ce prophète pour répondre aux besoins de communication entre Dieu et les hommes.[92]

Moïse fut né à une période où le peuple d'Israël était en esclavage. Il fallait trouver un libérateur, Moïse fut cet homme qui avait la mission de libérer ce peuple.

La naissance d'Esther est venue sauver la race juive. Un complot se préparait contre cette race, mais Esther a pu

---

[91] Genèse 2:15
[92] 1 Samuel 3:1

l'épargner de toute extermination.

Gédéon devrait être disponible à cette époque de l'histoire pour pouvoir combattre Madian et délivrer le peuple d'Israël.

Jésus - Christ avait une mission spécifique à accomplir sur la terre. Sa présence à cette période de l'histoire était indispensable pour le salut de l'humanité.

Bilan de votre vie

Si vous êtes appelé à être un balayeur de rue, balayez les rues comme Michel-Ange a peint, ou Beethoven a composé la musique, ou comme Shakespeare a écrit la poésie. Balayez les rues si bien que toutes les armées du ciel et de la terre feront une pause pour dire: Ici a vécu un grand balayeur de rue qui a fait bien son travail.[93]

Savez - vous qu'une mission est attachée à votre vie? Le jour où vous commencerez à découvrir les raisons pour lesquelles vous êtes venu sur la terre, votre passage sur la terre commence à avoir un sens.

Le bilan d'une vie doit être quantitatif et qualitatif. La force d'un homme sera évaluée en fonction de la quantité d'exploits réalisés au cours de sa vie. Si une force peut

---

[93] Martin Luther King Jr.

parcourir 1000 km, il ne faut pas se contenter d'un parcours de 2 km. La qualité des réalisations compte énormément dans le plan divin. La force doit réaliser les exploits d'une manière quasi parfaite, c'est - à - dire que les réalisations de la capacité doivent porter l'empreinte de l'excellence.

Faire le bilan de sa vie consiste à compter les succès et les échecs. Cet exercice importe davantage quand le nombre de succès dépasse de loin les échecs. Il est question de succès pour sa vie personnelle et la communauté. Dans ce cadre, l'accent est mis sur les réalisations pour la communauté. Votre séjour sur la terre ne se limite pas à ce triangle: naissance - vie - mort.

La reddition des comptes sera un moment de douleur pour les gens qui n'auront pas fait fructifier leurs forces.

Du reste, ce qu'on demande des dispensateurs, c'est que chacun soit trouvé fidèle.[94]

La plus importante question est celle de Dieu qui vous demanderait compte de l'utilisation des talents confiés. Lisez Mat 25: 14 - 30 et Luc 19: 11- 28 pour comprendre les punitions réservées aux paresseux qui ont tout simplement déposé leurs talents quelque part.

---

[94] 1 Corinthiens 4:2

A travers les versets ci - dessous, faites une comparaison entre celui qui a fait fructifier son talent et l'autre qui ne l'a pas fait.

Dieu vous demandera certainement: qu'avez - vous fait de vos dons, talents, connaissances et ressources?

La reddition de compte exigée par Dieu ne se fera pas de manière globale, c'est - à - dire, pour les activités macro, mais à l'échelle micro, donc au détail près.

Vous n'aurez pas d'excuse! Aucun argument ne plaidera en votre faveur.

Avez - vous identifié vos missions? Quelles sont vos missions? Avez - vous accompli vos missions convenablement?

Ces missions sont - elles accomplies pour le bien être de la communauté?

Ce sont ces questions auxquelles vous devez répondre à vous - même en faisant le bilan de votre vie.

Conséquences de la négligence

Le danger de la négligence, c'est de laisser voir pire qu'elle - même[95]

La conséquence se définit comme la suite d'une action. C'est la suite logique à un principe. la conséquence est

---

[95] Jean Rostand

l'effet qui logiquement ou naturellement suit l'action, la condition ou la déclaration. Quand on ne mange pas comme il faut, on sera logiquement très vulnérable et ne pourra pas résister aux maladies. Quand vous ne travaillez pas assez pour passer l'examen; ce qui doit arriver logiquement, c'est l'échec.

Etant donné que la négligence se résume à un manque de vigilance et un défaut de ferveur, il faut comprendre que l'on ne doit pas s'attendre à des conséquences positives, mais à des conséquences négatives. La plupart de nos erreurs ont leurs sources dans la nonchalance adoptée et pratiquée depuis un certain temps.

L'auteur d'une négligence en subit les conséquences négatives. Les amis, les proches, les collègues souffrent aussi de la négligence causée par quelqu'un. Les conséquences négatives résultant d'une négligence peuvent affecter la réussite personnelle, la vie physique et la vie spirituelle.

Quand l'homme qui marche a les yeux fermés, logiquement il tombe dans un trou, entre en collision avec les autres passants ou il se fait heurter par un véhicule.

Les yeux sont la lampe du corps. Quand cette lampe est éteinte, tout le corps sombre faute de lumière.

Un pêcheur qui se laisse emporter par le sommeil sur une mer agitée court beaucoup de risques. S'il ne se réveille pas à temps, les vagues le jetteront ainsi que sa barque au fond de la mer agitée. Au milieu de l'océan, le pêcheur sera rudement éprouvé, et la mort sera sa plus proche destination.

On ne peut pas échapper aux conséquences d'une négligence. On paiera à coup sûr les résultats d'une nonchalance. Les conséquences des négligences seront subies au détail près.

La négligence fait faire mille sottises, qu'elle ne laisse pas plus réparer qu'elle n'a su les prévenir[96]

La conséquence la plus terrible de la négligence, c'est de se sentir coupable toute sa vie, d'avoir le remords de conscience, d'être le bouc émissaire de tout le monde.

Les séquelles les plus indélébiles, c'est de regretter tout le temps de s'être comporté d'une telle façon, de n'avoir pas agi à temps, d'avoir tout simplement manqué à son devoir.

La conséquence la plus redoutable de toute négligence est la punition de Dieu. La conséquence d'une négligence spirituelle peut aller jusqu'à la séparation définitive d'avec Dieu.

---

[96] Henri - Fréderic Amiel

Il est mentionné dans plusieurs passages bibliques, Dieu punit sévèrement tous les serviteurs négligents.

La négligence est le maillon faible de toute l'humanité

La négligence est la cause du bilan calamiteux de votre vie

La négligence provoque des pensées contre - productives

La négligence incite à parler sans réfléchir

La négligence fait oublier ce qui doit être fait

La négligence fait voir le travail comme un fardeau

La négligence fait mépriser la voie normale

La négligence invite à ménager constamment le corps

La négligence fait désobéir aux lois établies

La négligence est une compromission du corps par un esprit paresseux et faible

La négligence fait minimiser les conséquences indésirables prévues

La négligence est un poison lent qui détruit votre vie

La négligence peut vous mettre dans une posture de honte

La négligence peut faire de vous le bouc émissaire du monde

La négligence fait retarder indéfiniment les activités importantes

Une simple négligence peut faire perdre des millions de dollars

Une simple négligence fait rater des opportunités intéressantes

Nous faisons tous le même constat: nous devons être plus loin qu'au point où nous nous trouvons maintenant. Quelle est la cause de ce retard dont nous souffrons tous? La négligence est souvent pointée du doigt.

Celui qui néglige sa voie tombera dans la mort.[97]

Parfois petite négligence accouche d'un grand mal[98]

Un train qui laisse sa voie ne peut faire que des dégâts regrettables. Ces dégâts comprennent des blessés, des morts et les dommages du train. Il y a aussi d'autres conséquences indésirables telles que le blocage de la voie, le ralentissement de la circulation, la mobilisation des services de secours, le coût de réparation de la voie ferrée, le dérangement des passagers habitués à utiliser cette voie ferrée,..etc. Tous ces malheurs qui frappent le train qui abandonne les rails représentent la mort dans tous les sens pour ce moyen de transport.

Par analogie aux dégâts causés par un train qui déraille, vous pouvez vous faire une idée des conséquences directes et indirectes de votre négligence spontanée ou de vos négligences habituelles. Quand vous négligez ce que vous devez faire, vous vous attirez toutes sortes de mauvaises choses, sauf de bonnes choses.

Quelle est votre voie?

---

[97] Proverbes 19:16
[98] Proverbe français

Votre voie est tout ce qui est bon à faire. Votre voie est la volonté et le service de Dieu pour vous. Votre voie est certainement ce que vous devez absolument faire pour vous - même et les autres.

Le mal n'a pas d'autre cause que notre négligence et le bien ne peut naître que d'une résistance à cet ensommeillement, que d'une insomnie de l'esprit portant notre attention à son point d'incandescence.[99]

La négligence est un obstacle de taille à nos vies et nous fait du tort constamment. Nous devons toujours la considérer comme un ennemi implacable.

La négligence nous fait rater tant d'opportunités

La négligence est la meilleure stratégie pour faire échouer toutes les entreprises humaines

La négligence est un petit mal qui ronge votre vie et celle des autres

La négligence peut faire de vous le plus grand criminel du monde

La négligence est un petit venin qui peut gaspiller le passage de l'homme sur la terre

Ce qui est pire dans la négligence, c'est le désir de faire des disciples négligents

---

[99] Christian Bobin

La négligence des chefs entraine de nombreux impacts négatifs sur les subalternes. La vie négligente d'un chef coûte cher à ses collaborateurs; ses décisions et actions étant contre - productives, donc les conséquences affectent négativement tous les autres.

Dans une société démocratique, le coût que paient les hommes sensés pour avoir négligé la politique est d'être dirigés par des hommes insensés.[100]

Un Président de la République négligent fait perdre beaucoup d'opportunités à son pays, et punit du coup ses compatriotes.

Quand l'Etat ne prend pas ses responsabilités, tous les citoyens paient le prix. Quand les nids de poule ne sont pas bouchés à temps, des accidents mortels sont provoqués sur les routes.

Quand la canalisation des rivières n'est pas faite, l'inondation emporte les citoyens pendant leur sommeil.

Quand l'Etat ne contrôle pas trop bien la délivrance des permis de conduire, ce sont des permis de tuer qui sont donnés aux chauffards.

Dans certains pays, des citoyens victimes poursuivent en

---

[100] Platon

justice l'Etat pour négligence criminelle. L'incapacité de l'Etat à anticiper certains problèmes est une forme de négligence criminelle. En autorisant une manifestation culturelle ou religieuse, l'Etat doit prévoir la sécurité des participants et de se donner les moyens de la garantir pendant toute la durée de l'événement. Les services responsables doivent s'assurer qu'aucun problème de sécurité ne se pose sur le parcours de la manifestation. Si un câble électrique tombe sur la foule et électrocute des manifestants, l'Etat devient coupable de négligence criminelle.

Un professeur qui ne fait pas bien son travail désavantage ses élèves par rapport aux autres.

Des parents négligents peuvent faire perdre aux enfants de bonnes choses dans la vie. Quand ces responsables naturels ne font pas leurs devoirs, ils compromettent l'avenir de leurs progénitures. Les enfants causent du tort aussi aux parents par leur négligence.

Les dégâts d'une négligence ne sont pas nécessairement proportionnels à sa dimension ou à sa durée.

Une négligence d'une seconde peut dans certains cas provoquer une plus grande catastrophe que celle commise continuellement pendant des années. Un conducteur de bus qui sommeille pendant cinq secondes au volant peut être l'auteur de la mort de tous les passagers alors que quelqu'un qui ne s'applique pas à l'étude compromet principalement son avenir et accessoirement l'espoir de sa famille.

Certaines des conséquences dues à la négligence sont réparables alors que d'autres perdurent et font souffrir continuellement les victimes. Un parent peut décider à un moment de prendre en main l'éducation de ses enfants par la correction et la nouvelle orientation donnée, mais les morts d'un incendie dû à la négligence ne pourront pas être ramenés à la vie.

Les conséquences logiques d'une négligence quelconque peuvent être: le remords, la perte de toutes sortes, la séparation, la tristesse, les souffrances, la prison, les amendes, la maladie, la mort.

Les conséquences négatives de la négligence n'épargnent aucune activité humaine et aucune classe d'hommes

Toutes les catégories de conséquences ne sont pas prises en compte dans ce texte. Ces quelques exemples permettent de se faire une idée de l'étendue des dégâts que peut causer une négligence dans un domaine bien spécifique. Voici quelques conséquences que tout le monde peut constater.

Echec dans les activités ordinaires
L'échec de la vie d'un homme peut être lié à la manière dont il gère les tâches quotidiennes

La négligence n'épargne rien. Ce ne sont pas seulement les projets de l'homme qui sont la cible de cette paresse, mais les activités ordinaires sont aussi concernées. La vie ordinaire d'une personne peut être empreinte de négligence de toutes sortes. Son hygiène personnelle peut être affectée par la négligence au point de devenir malade ou de nuire à d'autres personnes. Le traitement des vêtements peut aussi faire les frais de la négligence. Les médicaments ne sont pas pris à temps sans aucune justification.

Une personne qui mène une vie de négligence oublie souvent ses clefs, son téléphone quelque part. Ses rendez-vous et ses promesses ne peuvent pas être honorés. Elle cherche toujours à tout remettre à demain. Cette personne peut toujours trouver un prétexte pour téléphoner demain à un ami malade au lieu d'aujourd'hui.

L'auteur de ce type de négligence a toujours un bilan

quotidien négatif. Ses proches et son environnement immédiat paient les frais et le considèrent comme un fardeau.

Abandon des études

L'abandon définitif de l'école ne commence pas le jour où l'étudiant décide de rester chez lui. Ce choix commence le jour où il commence à ne voir aucun intérêt dans les devoirs.

Le manque d'application dans les activités scolaires et universitaires est le point de départ de tout décrochage définitif. L'élève ou l'étudiant commence à ne pas avoir d'engouement pour l'école ou l'université. Il n'a plus de souci pour les activités académiques au point de considérer l'école comme une perte de temps et un fardeau. Il descend la pente douce de la négligence avec les yeux fermés jusqu'au point où il décide qu'il n'y a plus rien à faire que d'abandonner une fois pour toutes l'école qui devient à ses yeux une source de nuisance. En prenant la décision de laisser tomber l'école, de nombreux arguments sont fabriqués de toutes pièces pour soutenir son choix. Cet abandon des études entrainera un peu plus tard d'autres conséquences sur sa vie et sur sa famille.

Perte d'emplois

Le soin avec lequel le travail est fait est noté au détail près par le patron

De nombreux employés sont révoqués pour des négligences professionnelles simples allant aux plus graves. Le code du travail prévoit qu'un employé peut être révoqué lorsqu'il peut causer par négligence coupable des dégâts aux machines, instruments, matières premières, produits et autres objets ayant une relation immédiate avec le travail ou compromis la sécurité du lieu où sont exécutés les travaux et des personnes qui s'y trouvent.[101]

Les employeurs et les superviseurs notent la qualité du travail fourni par leurs employés durant une période. Au moment de l'évaluation du personnel, la négligence est un facteur souvent considéré et pesé pour le maintien ou le licenciement d'un salarié.

---

[101] http://lenouvelliste.com/lenouvelliste/article/127129/Le-preavis-une-obligation-pour-lemploye-aussi-bien-que-pour-lemployeur.html

Echecs dans les projets

Ce ne sont pas les mauvaises herbes qui étouffent le bon grain, c'est la négligence du cultivateur[102]

La conduite de tout projet exige de la rigueur et de la discipline. Quand un détail d'un projet n'est pas pris en compte, l'impact négatif se fera sentir en cours de route ou à la fin. Ceux qui conduisent des projets personnels ou projets professionnels cherchent toujours la cause de l'échec. Le manque de rigueur dans l'évaluation des ressources nécessaires à la réussite du projet est souvent critiqué, mais le problème peut être encore plus subtil. La gestion des détails est quelque chose qu'il faut manipuler avec beaucoup de soin. L'élément le plus insignifiant, le plus négligé sera la cause de l'échec de tous ces efforts et investissements. Ce détail du projet minimisé ou ignoré par un chef de projet négligent suffit à faire perdre des années d'effort et des millions.

Les futurs mariés se retrouvent au jour du mariage face à un nombre de défis à relever dans l'immédiat. Ils n'ont pas été assez méticuleux dans la gestion des détails du mariage. Chaque année, les grands fabricants de voitures doivent

---

[102] Proverbe chinois

rappeler des millions de voitures affectées par un problème quelconque. Le plus souvent, il s'agit d'un changement fait dans un nouveau modèle de véhicule. Dans le projet de conception de cette nouvelle voiture, un ou des détails n'étaient pas bien gérés. C'est pour quoi, après quelques mois de fonctionnement, les acheteurs se plaignent du problème auprès des concessionnaires qui eux aussi se tournent vers les fabricants pour que ces voitures soient retournées et réparées.

Vous pouvez imaginer déjà les conséquences de toutes sortes pour les propriétaires, les concessionnaires et les fabricants de voiture. Il y a un coût énorme pour retourner des millions de voiture au Japon ou aux Etats - Unis d'Amérique.

De nombreuses initiatives économiques ne font pas long feu à cause d'une négligence quelconque. Les activités économiques sont régies par des principes. Quand ces détails financiers, économiques et techniques ne sont pas priorisés, les investissements ne peuvent pas rapporter.

Les gens perdent des opportunités de toutes sortes à cause d'une simple négligence, quel venin!

Echecs dans les relations conjugales

Une grande proportion de la misère qui a aigri la vie conjugale a son origine dans une négligence des bagatelles[103]

La négligence pèse énormément dans l'échec des relations sentimentales et conjugales. Quand l'un des partenaires néglige consciemment ou inconsciemment ce qui compte énormément pour l'autre, il y a des frustrations. Quand les frustrations ne sont pas gérées à temps, elles donnent naissance à des conflits. L'incapacité à anticiper les besoins de l'autre est un signe de négligence; elle est un indicateur du manque d'intérêt pour ses attentes. Le domaine où la négligence est plus manifeste est la gestion des détails de l'autre. Le mépris ou l'ignorance des détails de son partenaire envoie un signal fort. L'autre se sentira incompris, parce que tout simplement tout ce qui l'identifie n'est pas pris en compte dans les décisions et actions de son conjoint ou de sa conjointe.

---

[103] Thomas Sprat

Echecs dans l'éducation des enfants

Instruis l'enfant selon la voie qu'il doit suivre, et quand il sera grand il ne s'en détournera point.[104]

L'échec dans l'éducation des enfants est souvent dû à la négligence des parents ou des personnes ayant la responsabilité de la leur donner. L'enfant est une pâte à laquelle on peut donner la forme que l'on veut. Il est enclin à appliquer ce que ses parents appliquent, et il laisse tomber ce que ses parents négligent. L'éducation réussie d'un enfant repose sur deux piliers fondamentaux. D'abord, les valeurs que les parents veulent inculquer à l'enfant.

Ensuite, le style de vie des parents est un facteur non négligeable. Les enfants imitent les parents dans les moindres détails. Quand les parents ne se comportent pas en modèles responsables, on ne peut pas espérer de succès dans l'éducation des enfants. Une mère qui ne respecte pas les principes, sa fille fait autant. De même, un père qui ment à chaque occasion fait de son fils un menteur. Un enfant façonnée selon les valeurs n'y renoncera pas quand il sera grand.

---

[104] Proverbes 22: 6

Accidents de toutes sortes

Dans de nombreuses situations, les accidents résultent d'un style de vie blâmable

Les accidents de toutes sortes sont pour la plupart provoqués par la négligence d'un homme ou d'un groupe d'hommes. Les accidents de la circulation automobile ont généralement pour causes: état d'ébriété du conducteur, défaut visuel, manque de vigilance, état du véhicule, etc. A l'origine de tous ces accidents qui s'assimilent certaines fois à des catastrophes, il y a le manque de vigilance d'un homme ou d'une femme. Il est plus qu'évident qu'une personne ivre ne doit pas conduire. Il ne fait pas cas de sa vie comme celles des autres passagers. Pour ce qui a trait aux problèmes visuels, il faut encore pointer du doigt le manque vigilance et de responsabilité du conducteur. Si l'accident résulte de l'état du véhicule, il faut accuser la négligence du conducteur ou du mécanicien qui l'a réparé la dernière fois.

Le naufrage du paquebot Costa Concordia en Janvier 2012 a été imputé à la négligence du capitaine Francesco Shettino. Il est condamné à passer 16 ans en prison pour cet accident. Sa négligence mettait en danger la vie de 4200 personnes à bord du paquebot. En dépit des efforts consentis, 32 personnes sont mortes. Les conséquences sont énormes pour tous: pertes de vies humaines, suppression d'emplois, investissement dans le paquebot perdu, ect.

Il fallait dépenser 1.1 milliard d'euros pour le redressement du paquebot, un montant qui dépasse de loin le coût de sa construction entre 2005 et 2007, soit 500 millions d'euros.

Emprisonnement

Malheureusement, la prison reste le seul moyen de rappel à l'ordre sévère pour certaines personnes négligentes

De nombreuses personnes sont emprisonnées pour un manque d'attention. Les parents peuvent être jetés en prison pour n'avoir pas pu prendre les décisions nécessaires pour protéger leurs progénitures. Un père a été arrêté et mis en prison après que ses deux filles ont péri noyées dans une piscine aux Etats- Unis. Il a été accusé d'une négligence criminelle envers ses filles pour n'avoir pas pu contrôler l'accès à la piscine en son absence. Dans certains cas, des professionnels comme des médecins, ingénieurs sont condamnés à la prison pour un manque dans l'exercice de leurs professions qui cause des dommages, des blessures et même la mort des autres. Un médecin qui n'a pas pris la décision de transférer à temps un malade dans un autre hôpital pour le traitement approprié. Après les enquêtes, on a établi sa responsabilité dans le décès du patient pour négligence criminelle.

Amendes à payer

Toute négligence peut être fatale à une fortune[105]

Des particuliers et des entreprises sont certaines fois condamnés par la justice à payer de lourdes amendes sous forme de dommages et intérêts aux victimes de leurs négligences. Certaines amendes trop élevées dépassent de loin la capacité financière de l'auteur de la négligence ou peuvent appauvrir les entreprises incriminées. Une simple négligence d'une entreprise peut lui coûter des millions de dollars parce que des personnes sont mises en danger, contaminées ou mortes.

Le 4 septembre 2013, la cour d'appel d'Ontario a condamné la compagnie Metron Construction Corporation à verser 750 000 dollars pour négligence criminelle ayant causé la mort. L'effondrement le 24 décembre 2009 d'un échafaudage d'une construction de la compagnie Metron

---

[105] Nicolas de Condorcet

Construction a causé la mort d'un superviseur et de trois employés. Les enquêtes ont permis de voir que cette catastrophe s'est produite à cause de la négligence d'un superviseur.

Les victimes et les parents des morts du naufrage de la Costa Concordia survenu en méditerranée le 13 janvier 2012 ont tous été indemnisés pour la cause de cet accident qui n'est autre qu'une négligence criminelle.

La marée noire de 2010 qui a pollué le golfe du Mexique a coûté plus de 18.7 milliards de dollars américains à la société British Petroleum. Cette dernière est accusée de négligence environnementale grave.

Maladies

Certaines maladies sont dues à une suite de négligences

Certaines maladies peuvent atteindre des personnes grâce à une porte laissée ouverte. En se comportant de n'importe quelle manière et en négligeant de respecter les principes sanitaires, on peut devenir malades.

Un diabétique a avoué que sa maladie provient de son style de vie négligent, enclin plutôt au plaisir de sa bouche, et non d'un héritage familial. L'habitude de négliger son corps, l'hygiène personnelle et ne pas appliquer les traitements nécessaires est la source de nombreux ennuis sanitaires de certaines catégories d'hommes. Celui qui néglige de se brosser les dents régulièrement souffrira à l'avenir de la carie dentaire.

Les épidémies qui frappent une région donnée peuvent atteindre plus de personnes à cause de la négligence des habitants. Une épidémie fait plus de victimes et dure davantage dans un milieu où les gens négligent les principes sanitaires.

Mort physique

La mort physiquement est malheureusement le signal qui nous fait tous penser que la négligence entraine des conséquences terribles

Un patient mort après avoir pris des médicaments sans tenir compte de la posologie donnée par son médecin, un conducteur ivre subitement mort après que son véhicule percute un pont, une bonbonne de gaz propane restée ouverte laissée par une cuisinière s'explose et fait des morts par une allumette allumée, ce sont autant d'exemples de cas mortels dus à la négligence. A l'été 2013, la police du Nouveau - Brunswick a accusé Jean - Claude Savoie de négligence criminelle ayant causé la mort de deux jeunes garçons asphyxiés par un serpent. Les deux enfants âgés respectivement de quatre et de six ans étaient chez Jean - Claude Savoie quand le python Seba se fut échappé d'un enclos dans l'appartement. Le reptile de 45 kilos trouvait les enfants endormis dans le salon et les asphyxiait tous.

Un gérant de la salle de mariage et un entrepreneur qui a installé le lustre ont été arrêtés et inculpés pour négligence ayant entrainé la mort. Une personne est morte, Aviva Hayon, et 21 blessés sont causés par le détachement, pendant la cérémonie, du lustre du plafond auquel il était suspendu. L'enquête a révélé que l'ingénieur qui a installé ce lustre aussi lourd n'avait aucun diplôme, ni compétence pour le faire et que les normes de soudage n'ont pas été respectées.

Des enfants en bas âge arrivent certaines fois à commettre des homicides volontaires ou involontaires dans leurs propres familles avec des armes de leurs parents. Les parents négligents laissent ces instruments mortels à portée de main, et les enfants ne s'en servent malheureusement que pour donner la mort.

Mort spirituelle

Ne savez-vous pas qu'en vous livrant à quelqu'un comme esclaves pour lui obéir, vous êtes esclaves de celui à qui vous obéissez, soit du péché qui conduit à la mort, soit de l'obéissance qui conduit à la justice ?[106]

Je n'oublierai jamais tes ordonnances, car c'est par elles que tu me rends la vie.[107]

La négligence en elle-même est une sorte de mort spirituelle, parce qu'elle enlève de l'esprit humain tout appétit de faire quelque chose capable de plaire à Dieu. Cette paresse spirituelle peut être assimilée à une désactivation de la volonté d'agir dans le cerveau de l'homme. L'acédie en tant que maladie spirituelle ne peut que se détériorer et conduire tout droit à la mort spirituelle si elle n'est pas traitée à temps.

La cause principale de l'échec de l'homme dans ses activités spirituelles est la négligence. Celui qui est négligent spirituellement vit dans une sécheresse spirituelle. Il ne peut pas progresser dans ses démarches qui tendent à le rapprocher de Dieu. En fait, cette tiédeur spirituelle met au fur et à mesure une séparation entre l'homme et Dieu en coupant l'appétit pour la prière, la lecture biblique et la méditation de la parole de Dieu. Cette paresse spirituelle entame la communion avec Dieu au point de rendre le

---

[106] Romains 6:16
[107] Psaumes 119: 92

Chrétien insensible à tout ce qui est spirituel.

Ce relâchement progressif des activités spirituelles s'accompagne toujours d'arguments de défense. Après que le relâchement s'est bien installé chez le chrétien, il invite à l'abandon de l'héritage spirituel. Ce manque de zèle poursuit sa trajectoire jusqu'à provoquer une dégringolade partielle. D'une dégringolade partielle, le venin fait passer à une dégringolade totale, d'où la chute du chrétien.

Cette chute symbolise la mort spirituelle du chrétien, donc sa séparation définitive d'avec Dieu.

Celui qui néglige sa voie tombera dans la mort. [108]

---

[108] Proverbes 19:16

5
STRATEGIES DE LUTTE CONTRE LA NEGLIGENCE

Devient - on négligent pour le reste de la vie ? Existe -t- il des moyens de sortir du joug de la négligence? Comment s'en sortir? Peut - on se libérer définitivement et efficacement de cet esclavage? Quelles sont les stratégies efficaces contre ce mal?

Nécessité de combattre la négligence

Car je ne fais pas le bien que je veux, et je fais le mal que je ne veux pas.[109]

Nous sommes tous conscients des conséquences de la négligence pour en avoir été l'auteur ou victimes. Nous

---
[109] Romains 7: 19

sommes convaincus que la négligence est un péché qui mène à la mort. La plupart d'entre nous rougissent devant le bilan jusque - là négatif de notre vie sur la terre. D'autres qui ont un bilan positif appréciable pensent qu'ils pourraient faire mieux. Ils accusent tous un seul mal: la négligence.

Il devient évident que l'humanité a un ennemi commun. Cet ennemi veut gaspiller notre vie sur la terre et même compromettre notre éternité.

La négligence est la cause la plus courante du manque d'excellence parmi les enfants de Dieu.[110]

La négligence est une habitude qui deviendra un caractère si elle n'est pas stoppée à temps. Elle peut devenir une addiction que l'on vit chaque jour et qui devient répétitive.

La négligence est le premier ennemi de la grandeur. Quand vous négligez une petite chose, vous serez le plus petit. Vous ne pouvez pas atteindre la grandeur quand vous négligez les petites choses. Jésus - Christ l'a dit dans son message dans Matthieu 5:19:

Celui donc qui supprimera l'un de ces plus petits commandements, et qui enseignera aux hommes à faire de même, sera appelé le plus petit dans le royaume des cieux; mais celui qui les observera, et qui

---

[110] https://jtlvoice.wordpress.com/2014/11/14/how-negligent-are-you/

enseignera à les observer, celui-là sera appelé grand dans le royaume des cieux.

L'omission consciente ou inconsciente peut vous priver de la grandeur.

La négligence est aussi un ennemi de la gloire. Ce principe est caché dans le commandement que Dieu donna à Moïse concernant l'attention qu'il devrait porter au modèle qui lui était montré sur la montagne.

Lesquels célèbrent un culte, image et ombre des choses célestes, selon que Moïse en fut divinement averti lorsqu'il allait construire le tabernacle: Aie soin, lui fut-il dit, de faire tout d'après le modèle qui t'a été montré sur la montagne.[111]

Quand Moïse remplissait les conditions, la gloire de Dieu descendait de manière spontanée sur ce tabernacle.

Moise exhorta Aaron et ses fils à faire exactement ce que Dieu demanda afin de pouvoir voir Sa gloire.

Moïse dit: Vous ferez ce que l'Éternel a ordonné; et la gloire de l'Éternel vous apparaîtra.[112]

C'est à la lumière de la parole de Dieu que nous pouvons effectivement évaluer notre niveau de négligence. En effet, la Bible lève la voile sur les négligences et les conséquences

---

[111] Hébreux 8: 5
[112] Lévitique 9:6

associées.

La négligence est un obstacle majeur à l'accomplissement de la destinée de l'homme. Nous ne pouvons pas rester les bras croisés et regarder la négligence nous faire rater l'essentiel de notre existence.

La volonté de Dieu pour ses enfants est le salut sous toutes ses formes. Dieu veut le bien - être de tous. Il nous a créés à Son image et à Sa ressemblance, donc nous avons des caractéristiques divines en nous. Le créateur fait des provisions pour chacun de nous afin que nous vivions heureux et comblés. Le succès, le bonheur et la prospérité sont déjà disponibles pour chacun de nous. Il nous revient de nous conformer pour y accéder. Les qualités divines qui résident en nous doivent être mises au travail pour que nous puissions accomplir nos destinées respectives avec succès. Nous sommes appelés à vivre une vie bien remplie sur la terre, cependant la paresse spirituelle peut nous priver de l'héritage divin.

Car je connais les projets que j'ai formés sur vous, dit l'Éternel, projets de paix et non de malheur, afin de vous donner un avenir et de l'espérance.[113]

---

[113] Jérémie 29: 11

En tant que fils et filles légitimes de Dieu, nous devons réussir nos projets comme notre Créateur termine avec succès tout ce qu'Il entreprend. *Maintenant, mes fils, cessez d'être négligents; car vous avez été choisis par l'Éternel pour vous tenir à son service devant lui, pour être ses serviteurs, et pour lui offrir des parfums.*[114]

La Bible fournit de nombreux exemples d'hommes qui ont pu réussir grâce à l'application des principes de Dieu dans les prestations destinées à Dieu et aux autres.

Soyons tous comme Samuel. *Samuel grandissait. L'Éternel était avec lui, et il ne laissa tomber à terre aucune de ses paroles.*[115]

Nous nous amusons souvent à accuser le diable dans nos malheurs, défaites et échecs. La plupart de ces malheurs résultent d'un choix: la négligence. Le microbe qui nous rend malades ne vient pas forcément de l'extérieur, mais il peut être dans nos habitudes.

Nous devons nous évertuer à imiter des gens qui ont accompli avec succès leurs destinées. Ils ont tous quelque chose en commun: la vigilance.

Abraham a quitté sa terre natale pour une terre qui lui sera

---

[114] 2 Chroniques 29:11
[115] 1 Samuel 3: 19

indiquée ultérieurement.[116]

Noé construisait l'arche selon les détails imposés par Dieu.[117]

Moïse s'évertua de faire sortir les Israélites d'Egypte.

Daniel n'a fait preuve d'aucun relâchement dans sa volonté de prier Dieu malgré l'édit royal qui lui interdisait d'adresser des prières à un quelconque Dieu.

Josué est un exemple d'homme appliqué. Josué a réussi ses projets parce qu'il a mis en pratique la volonté de Dieu.

L'homme est l'esclave de ce qui triomphe de lui. Il est un constat que la majorité des gens se convertissent en esclave de la négligence, parce que ce péché règne dans leur vie.

Ne savez-vous pas qu'en vous livrant à quelqu'un comme esclaves pour lui obéir, vous êtes esclaves de celui à qui vous obéissez, soit du péché qui conduit à la mort, soit de l'obéissance qui conduit à la justice?[118]

Ils leur promettent la liberté, quand ils sont eux-mêmes esclaves de la corruption, car chacun est esclave de ce qui a triomphé de lui.[119]

---

[116] Genèse 12:1
[117] Genèse 6
[118] Romains 6:16
[119] 2 Pierre 2:19

Que faire face à cet ennemi commun?
Il faut une stratégie de combat qui permet d'éliminer cet ennemi une fois pour toutes. Selon 2 chroniques 29 : 11, Dieu veut notre séparation d'avec la négligence. Il nous invite à faire une rupture avec ce style de vie qui nous rend inaptes à Son service. Puisque la négligence peut mettre une séparation entre Dieu et l'homme et causer l'échec de la vie humaine sur la terre, nous devons nous lever tous comme un seul homme pour la combattre sous toutes ses formes.

Stratégies de combat contre la négligence

Combattre la négligence implique d'adopter un nouveau style de vie

Combattre la négligence, c'est s'imposer une discipline et une rigueur exceptionnelles

Combattre la négligence, c'est choisir de ne plus être complaisant avec soi-même

Alors qu'est ce qu'il faut opposer frontalement et directement à la négligence?

Le remède naturel contre la négligence est la vigilance. La vigilance à elle seule est efficace pour prévenir la négligence. Cependant, quand cette mauvaise habitude s'installe en l'homme, il faut un ensemble de remèdes pour la déraciner.

Il est évident de mettre en œuvre une stratégie claire pour lutter contre ce fléau qui s'attaque obstinément à votre vie, à vos relations avec Dieu et votre semblable. Vos pensées, paroles, actions sont toujours destinées à vous - même ou à Dieu ou encore aux autres; toute négligence dans l'un ou l'autre de ces domaines aura des répercussions sur l'un de ces destinataires naturels.

Pour combattre cet ennemi qui s'enracine dans nos vies, il est nécessaire de mettre en œuvre un ensemble d'actions combinées. Il n'est pas possible de s'en débarrasser d'un jour à l'autre. Il faut mener une vie de lutte jusqu'à ce que ce mal soit extirpé une fois pour toutes.

Les stratégies de combat proposées dans ce livre pour une éradication efficace de ce mal ont des fondements bibliques. Ces stratégies reposent sur des piliers appuyés chacun sur des versets bibliques appropriés. Ces piliers sont amplement suffisants pour aider une personne résolue à se libérer des chaines de la négligence de façon définitive.

Ces douze piliers sont conçus pour fonctionner harmonieusement.

Il est contre - productif de penser pouvoir déraciner la négligence en laissant tomber l'un de ces piliers. Vous devez vous atteler à vous les approprier tous ensemble pour un combat réussi. En d'autres termes, en utilisant les armes comme la crainte de Dieu et la vigilance, il faut aussi exploiter les autres stratégies. L'une ne va pas sans l'autre.

Toute chose a été créée pour un but. C'est la raison pour laquelle je t'exhorte à ne pas négliger ta vie, ni rien dans ta vie. Avec un ver de terre, tu peux attraper un gros poisson, et avec de l'eau sale, tu peux éteindre un feu.... Ne néglige jamais un œuf de poule, car avec le temps, il pourra te donner un grand poulailler, et derrière une graine de blé, tu pourras avoir tout un grand cargo de farine de blé, Ne te néglige pas, et surtout ne te sous -estime pas, car tu as de la valeur.[120]

---

[120] Naomie Baptiste

Pilier numéro 1: Crainte de Dieu

Celui qui garde ce qui est commandé garde son âme; Celui qui ne veille pas sur sa voie mourra.[121]

Il est bon que tu retiennes ceci, et que tu ne négliges point cela; car celui qui craint Dieu échappe à toutes ces choses.[122]

L'expression crainte de Dieu signifie tout simplement respect pour Dieu. Dieu veut que nous lui servions avec respect. Ce respect se traduit par l'amour, la révérence, le zèle dans l'exécution de ses ordres et dans son service. Dieu s'attend que nous réalisions Ses ordres avec les détails précis qu'Il donne. Dieu n'agréera aucune offrande offerte sans respect. *Servez l'Éternel avec crainte, et réjouissez-vous avec tremblement.*[123] Celui honore Dieu fait de son mieux pour appliquer à la lettre tous ses principes et ne néglige aucun détail de son Créateur.

La crainte de Dieu suppose la séparation d'avec vous-même pour le servir.

L'homme est appelé à se mettre dans des conditions appropriées pour qu'il puisse être un instrument entre les mains de Dieu.

---

[121] Proverbes 19:16
[122] Ecclésiaste 7 :18
[123] Psaumes 2:11

En s'évertuant à servir Dieu avec respect, l'homme chemine tout droit vers la sagesse.

Ayez du zèle, et non de la paresse. Soyez fervents d'esprit. Servez le Seigneur.[124]

Ne négligez aucun sacrifice pour servir Dieu avec respect.

---

[124] Romains 12:11

Pilier numéro 2: Vigilance

Veillez donc et priez en tout temps, afin que vous ayez la force d'échapper à toutes ces choses qui arriveront, et de paraître debout devant le Fils de l'homme.[125]

Veille sur toi-même et sur ton enseignement; persévère dans ces choses, car, en agissant ainsi, tu te sauveras toi-même, et tu sauveras ceux qui t'écoutent.[126]

La vigilance est un remède efficace contre la négligence. L'homme prudent veille sur tout et en tout temps. Vous devez surveiller de près vos pensées, vos paroles et vos actions. Rien ne passe inaperçu pour l'homme prudent. La vigilance nous commande de veiller au détail et à la seconde près, car n'importe quelle petite brèche peut être une porte pour l'entrée de l'ennemi. Vous devez décréter en permanence l'état d'alerte maximum pour vous protéger contre les ruses du diable.

Le niveau de vigilance doit être parfait et pour la vie spirituelle et pour les activités terrestres.

Ne négligez pas de rester sur vos gardes afin de toujours bloquer les attaques de l'ennemi qui invitent à la paresse. Il faut se concentrer constamment sur ce que vous faites.

---

[125] Luc 21:36
[126] 1 Timothée 4:16

Votre esprit doit être constamment le guide des opérations en cours pour garantir le succès. Quand l'esprit qui dicte et le corps qui exécute sont synchronisés en vue d'atteindre le même objectif, la négligence n'a pas sa place. La concentration est un bon allié de la vigilance dans le combat contre la négligence. Une concentration réelle sur les objectifs à atteindre et sur les normes et les qualité à respecter minimise les risques d'échec.

Que tes yeux regardent en face, et que tes paupières se dirigent devant toi.[127]

La vigilance est la lampe du corps.

L'insensé dédaigne l'instruction de son père, mais celui qui a égard à la réprimande agit avec prudence.[128]

La santé dépend plus des précautions que des médecins.[129]

Les activités terrestres doivent être également exercées avec un niveau de diligence dans le but évident de faire face aux tentations relatives à la négligence.

La main des diligents dominera, mais la main lâche sera tributaire.[130]

Evertuez - vous à être toujours vigilant et diligent en tout.

---

[127] Proverbes 4: 25
[128] Proverbes 15:5

[129] Bossuet
[130] Proverbes 12:24

Pilier numéro 3: Gestion des détails

C'est ce que fit Noé: il exécuta tout ce que Dieu lui avait ordonné.[131]

Il n'est un secret pour personne que les détails sont essentiels aux yeux de Dieu. Les détails comptent énormément dans la vie humaine. Les activités scientifiques ne peuvent se séparer des détails. Quand un détail manque, son absence se fait vite sentir. Quand l'homme néglige un détail, le résultat peut être catastrophique pour lui et la communauté. Une activité ou un projet quelque soit son envergure est constitué de détails essentiels à sa réussite.

Se donner du mal pour les petites choses, c'est parvenir aux grandes, avec le temps.[132]

Vous devez prendre la résolution de compter désormais tous les détails afin de les prendre en compte dans ce que vous faites. Sans cet exercice crucial, vous risquez de perdre gros.

Ne minimisez pas l'impact d'aucun détail si petit soit - il. Dans tout ce que vous faites, faites une liste exhaustive des détails pour s'assurer que rien n'est négligé.

Demandez aux autres de vous faire voir d'autres détails. Si tous les détails sont notés et satisfaits, vous pouvez

---
[131] Genèse 6:22
[132] Samuel Beckett

prétendre à la perfection pour ce que vous réalisez. Celui qui gère bien les détails, gère l'ensemble de manière excellente.

Noé a respecté tous les détails dictés par Dieu pour la construction de l'arche, et il a réussi son projet.

La perfection dans le détail conduit à la perfection même de la vie.[133]
Ne négligez aucun détail, le secret de la réussite y réside.

---

[133] Harry Bernard

Pilier numéro 4: Gestion du temps

Rachetez le temps, car les jours sont mauvais.[134]

Le temps est un espace de réalisation. Si vous ne réalisez rien pendant votre espace de vie, vous devez justifier cette situation. Le temps n'attend personne, mais il attend que vous fassiez des choses alors qu'il passe. Une minute est composée de 60 secondes qui passent vite, si on observe s'écouler les secondes, la prochaine minute aura déjà commencé sans que l'on ne fasse quelque chose. Le temps est donc une ressource à utiliser pendant qu'il se compte. On peut faire un travail considérable en une minute, dire plein de choses et parcourir une longue distance en une minute. Le danger est de se disposer à compter les secondes, les minutes et les heures plutôt que de faire quelque chose pendant qu'elles passent. Il faut profiter de leur passage pour faire quelque chose. Il est impossible d'avoir un bilan positif en regardant passer le temps. Le temps est comme une rivière qui coule, vous pouvez vous y jeter pour que les courants vous mènent quelque part.

En réalité, une heure ne représente rien pour quelqu'un qui ne veut rien faire, mais c'est l'espace temporel pendant

---

[134] Ephésiens 5:16

lequel un homme peut parcourir en voiture au moins 60 kilomètres.

Le temps est un espace de réalisation pour Dieu. En 6 jours, Il a créé le monde et tout ce qui s'y trouve comme infrastructure naturelle.

Que faites- vous du temps depuis votre naissance? Quelles sont vos réalisations? Les secondes que vous jugez trop courtes, même trop rapides pour une tâche sont utilisées par d'autres pour faire de grandes choses. Que faites - vous pendant une journée? Quel est votre bilan journalier? Un homme dont la durée de vie est de 70 ans dispose de 25550 jours. Chaque jour est constitué de 86400 secondes qui passent vite.

Le temps doit être toujours exploité pour réaliser quelque chose d'utile. Vous devez optimiser l'utilisation que vous faites du temps. Vous devez vous poser la question: Ai - je mis trop de temps pour réaliser cette tâche? Puis - je faire plusieurs choses en parallèle? En faisant plusieurs choses à la fois, vous ne faites que racheter le temps, c'est - à - dire, faire une utilisation optimale de l'espace temporel. Quelqu'un qui dispose de 30 minutes pour manger et sortir peut faire plusieurs choses à la fois. Alors que son repas est au feu, il s'habille.

A la fin de chaque journée, posez - vous cette question: Qu'ai - je fait d'utile de mes 24 heures?

Prenez la décision de corriger s'il y a lieu après la réponse honnête que vous donnez à votre question. *Qui a le temps et attend le temps perd son temps.*[135]

Nous passons tous dans le temps qui représente le critère d'évaluation des résultats.

Ne négligez pas une seconde de votre vie, car elle peut servir à quelque chose d'utile.

---

[135] William Camden

Pilier numéro 5: Actions

Va vers la fourmi, paresseux; Considère ses voies, et deviens sage. Elle n'a ni chef, ni inspecteur, ni maître; Elle prépare en été sa nourriture, Elle amasse pendant la moisson de quoi manger. Paresseux, jusqu'à quand seras-tu couché? Quand te lèveras-tu de ton sommeil? [136]

Dieu veut que nous travaillions tous pour répondre à nos besoins. L'amour du travail peut combattre efficacement contre la paresse spirituelle. La négligence s'oppose à toute action capable de nous faire avancer. L'homme est appelé à chercher du travail ou en créer pour lui - même et les autres.

Ceux qui réussissent, en général, ne font rien d'extraordinaire, mais prennent la peine de faire des choses qu'il est si facile de ne pas faire. [137]
Si tu vois un homme habile dans son ouvrage, Il se tient auprès des rois; Il ne se tient pas auprès des gens obscurs. [138]

Vous devez agir et entreprendre quelque chose pour garder l'esprit éveillé, ce sera une façon appropriée pour faire face à la paresse spirituelle. Il faut faire sinon planifier l'action justifiée si tôt venue à l'esprit. Vous avez forcement un

---

[136] Proverbes 6: 6 - 9
[137] Paul Dewandre
[138] Proverbes 22:29

bilan à justifier devant Dieu, vous - même et les autres. Faites tout ce qui doit être fait avec le niveau de qualité approprié. Vous devez chasser l'esprit de l'oisiveté qui vous conduira vers le péché.

Car, lorsque nous étions chez vous, nous vous disions expressément: Si quelqu'un ne veut pas travailler, qu'il ne mange pas non plus.[139]

Tout ce que ta main trouve à faire avec ta force, fais-le; car il n'y a ni œuvre, ni pensée, ni science, ni sagesse, dans le séjour des morts, où tu vas.[140]

Celui qui attend que tout danger soit écarté pour mettre les voiles ne prendra jamais la mer.[141]

Vous devez vous lever et vous mettre au travail pour pouvoir avoir un bilan de vie appréciable.

Le paresseux ne rôtit pas son gibier; mais le précieux trésor d'un homme, c'est l'activité.[142]

Ne négligez aucune action utile à vous, à Dieu et aux autres.

---

[139] 2 Thessaloniciens 3:10
[140] Ecclésiaste 9:10
[141] Thomas Fuller
[142] Proverbes 12:27

Pilier numéro 6: Prière

Invoque-moi, et je te répondrai; Je t'annoncerai de grandes choses, des choses cachées, que tu ne connais pas[143]

Vous omettez des choses consciemment et d'autres inconsciemment. La liste des choses omises inconsciemment peut être plus longue et comporter plus d'enjeux. Seul Dieu peut vous révéler avec exactitude la quantité de bons actes que vous négligez chaque jour et chaque année. Dans votre prière, vous devez demander pardon pour les péchés commis par omission comme vous le faites pour les désobéissances en pensée, en parole et par action.

Tout ce que vous demanderez avec foi par la prière, vous le recevrez.[144]

Votre prière régulière adressée à Dieu doit avoir deux objectifs. Dans un premier temps, vous devez demander à Dieu de vous révéler tous les bons actes omis pour que vous puissiez apporter les corrections nécessaires.

Ensuite, demandez à votre Créateur d'aiguiser davantage votre sensibilité et de renforcer votre volonté pour ne plus omettre. En d'autres termes, vous devez demander à Dieu la volonté de faire tout ce qui est nécessaire. L'Esprit - Saint

---

[143] Jérémie 33:3
[144] Matthieu 21:22

vous indiquera tout ce que vous manquez chaque jour.

La prière commence où les capacités humaines finissent.[145]

La prière est l'exercice de la puissance dans les hautes sphères spirituelles. La prière est l'exploitation sublime de la puissance de la parole. A travers cette connexion spirituelle, vos paroles puisent dans la source de la parole, se renforcent par le contact avec la parole essentielle, et s'inspirent de la parole même pour entrer en possession de tout et pour être investies de la puissance de domination sur tout.

La prière est la meilleure exploitation de la parole qui puisse exister. C'est la parole qui se cherche dans sa source pour mieux rebondir dans les lieux spirituels et terrestres.

En d'autres termes, la prière est la parole en quête de confirmation auprès de la parole avant de se matérialiser.[146]

Ne négligez aucune occasion de prière, c'est une connexion instantanée avec Dieu qui peut vous délivrer de la négligence.

---

[145] Marian Anderson
[146] La puissance de vos paroles, Gregory Domond, Mai 2012

Pilier numéro 7: **Respect des principes**

Que ce livre de la loi ne s'éloigne point de ta bouche; médite-le jour et nuit, pour agir fidèlement selon tout ce qui y est écrit; car c'est alors que tu auras du succès dans tes entreprises, c'est alors que tu réussiras.[147]

Le respect des principes est le prix à payer pour atteindre la destination finale. Chaque jeu a ses propres règles. Si vous n'appliquez pas les conditions d'un processus, vous n'arriverez pas jusqu'au bout.

La détermination à respecter les principes régissant une matière peut se révéler payante. Chaque destination exige un parcours. L'enfant doté d'un talent de mathématiques doit se conformer à la rigueur de cette science s'il veut devenir docteur ou inventer une formule dans cette discipline réputée rigoureuse. La négligence peut compromettre les talents qui peuvent être d'un secours inestimable contre les maux du monde. Les bénéficiaires des talents doivent payer le prix nécessaire à l'éclatement de leurs forces. Gédéon a respecté à la lettre toutes les instructions et consignes que l'Eternel lui a données pour arriver à cette fin. Il a obéi au principe de Dieu en

---

[147] Josué 1: 8

choisissant seulement 300 hommes pour aller combattre à ses cotés.[148]

Sachez-le, celui qui sème peu moissonnera peu, et celui qui sème abondamment moissonnera abondamment.[149]

Car le précepte est une lampe, et l'enseignement une lumière, et les avertissements de la correction sont le chemin de la vie.[150]

Vous devez avoir des objectifs précis à atteindre comme Josué avait un territoire délimité à conquérir.[151]

Josué a surtout appliqué ses valeurs spirituelles définies dans Josué 1:8: *Connexion constante avec la parole, attention à la parole, actions et fidélité.*

Celui qui n'a pas une ligne de conduite propre est condamné à suivre ses contemporains, même dans leurs erreurs. *Un homme dénué de vie intérieure n'est que l'esclave de son environnement.*[152]

Ne négligez aucun principe, il est la clef de la réussite.

---

[148] Juges 7: 1 - 7.
[149] 2 Corinthiens 9 : 6
[150] Proverbes 6:23
[151] Josué 1: 4
[152] Henri-Frédéric Amiel

Pilier numéro 8: Persévérance

Ne savez-vous pas que ceux qui courent dans le stade courent tous, mais qu'un seul remporte le prix? Courez de manière à le remporter.[153]

Le courage doit être récompensé, et la négligence doit être punie.[154]

La persévérance implique la patience durant tout le processus, le courage et la résistance aux tentations d'abandonner jusqu'au point final. Le manque de persévérance est ce qui est la cause de nombreux échecs dans les entreprises humaines. Il faut persévérer jusqu'à la fin pour pouvoir voir le bout du tunnel. Le faible commencement exige un temps de murissement et de fécondité avant de pouvoir l'expérimenter comme il était projeté dès le départ. La patience doit être proportionnelle à la force à saisir et à confirmer. Le temps à investir dépend certainement de l'intensité de la force à acquérir. Les personnes conscientes de leurs forces s'investissent à fonds dans le but d'en faire une démonstration. L'engouement de découvrir et d'exploiter sa force doit pouvoir mobiliser toute la capacité et toutes les ressources de la personne convaincue de posséder un talent. Aucun

---

[153] 1 Corinthiens 9: 24
[154] Victor Hugo

sacrifice ne sera trop grand pour entrer en possession de sa pleine capacité. Gédéon a suivi toutes les étapes jusqu'à la victoire. Le royaume des Cieux est forcé, ce sont les violents qui s'en emparent, nous dit la Bible. Vous devez toujours avoir les yeux fixés sur l'objectif à atteindre. *Car vous avez besoin de persévérance, afin qu'après avoir accompli la volonté de Dieu, vous obteniez ce qui vous est promis.*[155]

La parabole sur le juge inique et la veuve montre que la persévérance paie. Grâce à l'insistance de la veuve, le juge méchant s'est résolu à lui faire justice. *Il y avait aussi dans cette ville une veuve qui venait lui dire: Fais-moi justice de ma partie adverse. Pendant longtemps il refusa. Mais ensuite il dit en lui-même: Quoique je ne craigne point Dieu et que je n'aie d'égard pour personne, néanmoins, parce que cette veuve m'importune, je lui ferai justice, afin qu'elle ne vienne pas sans cesse me rompre la tête.*[156]

Jamais jamais jamais. N'abandonnez jamais. [157]

Jésus - Christ a insisté sur la nécessité de persévérer pour atteindre la destination finale. Il a lui-même déclaré que celui qui persévérera jusqu'à la fin sera sauvé.[158] Ce succès peut être vu également dans d'autres domaines que sur le

---

[155] Hébreux 10:36
[156] Luc 18: 3 -5
[157] Winston Churchill
[158] Matthieu 24:13

plan spirituel. Vous devez continuer jusqu'à ce que vous voyiez le bout du tunnel.

La persévérance vient à bout de tout.[159]

Ne minimisez aucune persévérance additionnelle, elle peut être la clef pour ouvrir la porte du succès.

---

[159] Proverbe francais

Pilier numéro 9: Responsabilité

Celui qui est fidèle dans les moindres choses l'est aussi dans les grandes, et celui qui est injuste dans les moindres choses l'est aussi dans les grandes.[160]

La responsabilité est l'obligation ou la nécessité de répondre. La responsabilité implique des obligations envers soi - même, Dieu et les autres. Vous devez chercher à aiguiser votre sens de responsabilité pour mieux comprendre les différentes obligations qui s'imposent à vous.

La force attribuée à vous est une grâce, donc un privilège. Tout privilège implique obligatoirement des responsabilités envers le pourvoyeur et les bénéficiaires indiqués. Il faut entretenir la force pour qu'elle puisse atteindre le niveau nécessaire à son exploitation optimale. La responsabilité suppose aussi que la personne dotée du talent doit s'arranger pour que cette capacité soit toujours disponible pour servir les autres.

Dieu les bénit, et Dieu leur dit: Soyez féconds, multipliez, remplissez la terre, et l'assujettissez; et dominez sur les poissons de la mer, sur les oiseaux du ciel, et sur tout animal qui se meut sur la terre.[161]

---

[160] Luc 16:10
[161] Genèse 1:28

Nous devons bien gérer les dons et talents qui nous sont confiés, car nous aurons à rendre compte pour eux devant Dieu.

Celui qui gère bien la force à l'échelle micro fait une démonstration de sa capacité de gestion d'une force très grande, et même à l'échelle macro.

La motivation, la discipline et l'enthousiasme sont des alliés sûrs de toute personne munie du sens de responsabilité. Le responsable a toujours un souci de rendement. C'est pourquoi, il s'organise toujours pour le jour de la reddition des comptes.

La responsabilité est le prix à payer du succès.[162]

Ayez un sens de responsabilité poussé, et vous vous épargnerez les pires jugements.

---

[162] Winston Churchill

Pilier numéro 10: Exercice de la puissance de la parole

C'est du fruit de sa bouche que l'homme rassasie son corps, C'est du produit de ses lèvres qu'il se rassasie.[163]

Vos paroles sont une puissance pour faire face aux mauvaises pensées et paroles. Quand des suggestions mauvaises vous envahissent, vous devez utiliser la puissance de vos paroles pour les condamner et les repousser loin de vous.

Vos paroles puissantes sont également une arme pour combattre les mauvaises paroles qui pourraient sortir de votre bouche et les invitations à la paresse.

Je te donnerai les clefs du royaume des cieux: ce que tu lieras sur la terre sera lié dans les cieux, et ce que tu délieras sur la terre sera délié dans les cieux.[164]

Ce sont vos paroles qui peuvent vous encourager et motiver à aller de l'avant pour ne pas rater l'essentiel dans la vie. En vous nourrissant de bonnes paroles, vous vous préparez à combattre l'ennemi qu'est la paresse spirituelle. Vos paroles sont vos alliés dans ce combat contre la paresse, ce sont elles que vous pouvez lancer comme des flèches contre toutes mauvaises suggestions qui s'attaquent

---

[163] Proverbes 18:20
[164] Matthieu 16:19

à l'esprit et au corps.

Vous devez vous lancer chaque jour des paroles capables de vous immuniser contre la négligence.

L'homme intelligent relève d'abord par la parole dans le monde spirituel tous ses défis avant de les affronter dans le monde réel. Vos paroles sont votre réserve de force, d'énergie et de motivation tout au long de votre vie. Vos paroles sont toujours et seront toujours votre potentiel. Votre parole est votre capacité d'explosion et d'éclosion. Vos paroles constituent votre richesse infinie, votre source intarissable d'opportunités et de nouvelles idées. C'est également votre carte de crédit illimitée pour se procurer tout ce que la vie offre de bon. Vos paroles sont les meilleurs atouts pour vous garder en vie, pour vous motiver.[165]

Ne négligez pas de parler puissamment contre et de condamner les mauvaises suggestions et l'esprit de paresse, elles ont des oreilles pour entendre les ordres.

---

[165] La puissance de vos paroles, Gregory Domond, Mai 2012

Pilier numéro 11: Intelligence renouvelée

Ne vous conformez pas au siècle présent, mais soyez transformés par le renouvellement de l'intelligence, afin que vous discerniez quelle est la volonté de Dieu, ce qui est bon, agréable et parfait.[166]

Voici donc ce que je dis et ce que je déclare dans le Seigneur, c'est que vous ne devez plus marcher comme les païens, qui marchent selon la vanité de leurs pensées. Ils ont l'intelligence obscurcie, ils sont étrangers à la vie de Dieu, à cause de l'ignorance qui est en eux, à cause de l'endurcissement de leur cœur.[167]

Le renouvellement de l'intelligence implique que l'Esprit de Dieu régénère l'esprit de l'homme afin de pouvoir comprendre les choses d'une manière spirituelle, et non uniquement humaine.[168] Une intelligence transformée est comparable à une nouvelle naissance. L'homme dont l'intelligence est transformée vit selon le plan de sa destinée. Il se sépare d'avec les anciennes habitudes pour embrasser un mode de vie agréable à Dieu et utile à lui - même.

---

[166] Romains 12:2
[167] Ephésiens 4: 17 - 18
[168] 1 Corinthiens 2: 11 -16

La Négligence, votre premier ennemi

Quand vous avez l'intelligence renouvelée, toutes vos pensées portent l'empreinte de celles de Dieu. Vos paroles et actions reflètent clairement l'œuvre divine.

Vous ne pouvez pas faire ce qui est bon, agréable et parfait sans un renouvellement de l'intelligence.

Si quelqu'un est en Christ, il est une nouvelle créature. Les choses anciennes sont passées; voici, toutes choses sont devenues nouvelles.[169]

Les relations humaines pèsent beaucoup dans les styles de vie, les choix et l'accomplissement de la destinée de l'homme. Il faut certaines fois envisager la rupture avec certaines relations humaines pour pouvoir cheminer sa destinée. La mauvaise compagnie est certainement une entrave aux progrès et peut même encourager la paresse sous toutes ses formes.

Ne vous y trompez pas : Les mauvaises compagnies corrompent les bonnes mœurs.[170]

Heureux l'homme qui ne marche pas selon le conseil des méchants, Qui ne s'arrête pas sur la voie des pécheurs, Et qui ne s'assied pas en compagnie des moqueurs, mais qui trouve son plaisir dans la loi de

---

[169] 2 Corinthiens 5:17
[170] 1 Corinthiens 15 : 33

l'Éternel, Et qui la médite jour et nuit! Il est comme un arbre planté près d'un courant d'eau, Qui donne son fruit en sa saison, Et dont le feuillage ne se flétrit point: Tout ce qu'il fait lui réussit. Il n'en est pas ainsi des méchants: Ils sont comme la paille que le vent dissipe. C'est pourquoi les méchants ne résistent pas au jour du jugement, Ni les pécheurs dans l'assemblée des justes; car l'Éternel connaît la voie des justes, et la voie des pécheurs mène à la ruine.[171]

La grandeur d'un homme réside dans sa capacité à corriger ses erreurs et à se renouveler continuellement. [172]

Ne négligez aucun effort qui permet de renouveler votre intelligence; ce faisant vous appliquez la pensée de Dieu dans toutes vos actions.

---

[171] Psaumes 1: 1- 6
[172] Wang Young Ming

Pilier numéro 12: Respect du prochain

L'amour ne fait point de mal au prochain: l'amour est donc l'accomplissement de la loi.[173]

Le respect de l'autre, c'est l'essentiel

Le respect de l'autre s'articule autour de deux principes simples

Voir en l'autre votre semblable

Voir en l'autre l'image de Dieu

L'autre est votre semblable, donc l'autre "*vous*" à travers la création. L'autre est l'image de Dieu, donc vous avez une représentation de Dieu devant vous, un représentant de Dieu à servir comme vous devez servir Dieu Lui - même. C'est au tour du *respect de l'autre* que se joue l'avenir de l'humanité. Oui, le respect de l'autre est le pivot autour duquel tourne la réussite ou l'échec dans tous les pays du monde. Il faut bien se rappeler qu'aux yeux de Dieu qu'il n'existe que deux entités : Lui - même et l'homme. C'est pourquoi, les quatre premiers commandements sont exclusivement dédiés aux devoirs de l'homme envers son créateur, et les 6 autres sont destinés à la gestion de la

---

[173] Romains 13:10

relation de l'homme avec l'homme.

Les bontés humaines sont destinées à la consommation de l'autre humain. Si ces bontés ne sont pas mises au service de l'autre, vous êtes dépourvu de la nature humaine. Vous êtes sûrement sur la mauvaise pente quand vous commencez à maltraiter vos semblables.

Il ne peut y avoir de développement sans le respect de l'autre. Dans les pays dits développés, les politiques publiques conçues, adoptées et appliquées tiennent compte réellement des besoins des citoyens. Il ne faut qu'il y ait trop entre les mains de 5% des nantis, et trop petit pour les 95% de la population. Le respect de l'autre n'a pas de prix. Des millions et même des milliards de dollars peuvent être dépensés pour sauver un homme, la vie humaine n'a pas de prix.

Tout ce qui se fait doit se faire pour le bien et dans le sens du respect de l'autre.

Rien de bon, de précieux, d'humain, rien de divin dans ce monde n'est possible sans le respect de l'autre. Vous ne devez pas faire les choses à moitié pour les autres, mais intégralement selon que vous êtes guidé par l'amour du prochain.

Toutes les initiatives d'un élu ou d'un nommé qui ne visent

pas d'abord le respect de l'autre sont vouées à l'échec dès le départ.

Le respect de l'autre exige que vous

- *ne mentiez pas*
- *veniez à l'heure convenue*
- *teniez vos promesses*
- *ne manipuliez pas*
- *que vous fassiez exclusivement ce qui est favorable à l'homme.*[174]

Négliger votre semblable au point de lui causer des souffrances est un crime. *Chaque négligence est un grief qu'on n'oublie jamais.*[175]

La négligence, crime dans la vie publique, est aussi un crime en amitié.[176]

Ne négligez jamais l'humanité qui est en vous, elle est destinée aux autres.

---

[174] Servir pour être Grand, Gregory DOMOND, Décembre 2014
[175] Henri - Fréderic Amiel
[176] Henri - Fréderic Amiel

CONCLUSION

Un constat pour tout le monde: nous sommes tous des esclaves de la négligence. Il n'existe pas une catégorie de personnes qui en soient complètement libres. Dans le plan divin, la vie ne va pas de pair avec la négligence. Tout ce qui fait la beauté et le charme de la vie n'accommode pas la nonchalance sous toutes ses formes.

Il est plus que nécessaire de vous en débarrasser pour pouvoir vivre la vie préparée pour vous par le Créateur avant la fondation du monde. Vous devez chaque jour compter les maillons de la chaine d'esclavage brisés en vue de récupérer votre liberté, c'est - à - dire, votre zèle pour tout ce qui est bien.

Il est temps de vous réveiller de ce sommeil qui est à la fois accablant et trompeur pour pouvoir accomplir votre destinée. Chaque jour, vérifiez minutieusement dans votre vie si vous mettez en pratique ces stratégies. Evertuez - vous toujours à corriger immédiatement tout manque de ferveur afin de pouvoir vous relancer avec toute la motivation nécessaire.

La négligence est votre premier ennemi, c'est un fait incontestable. Vous devez renverser la vapeur en faisant de vous le premier ennemi de la négligence en appliquant les principes proposés dans ce livre. Dieu met à notre disposition toutes les forces nécessaires au combat contre ce mal, cette maladie qui ne vise que notre échec à tous les points de vue et notre mort tant physique que spirituelle.

Nous ne sommes pas nés négligents, nous avons laissé entrer la négligence dans nos vies. Cette maladie spirituelle s'est installée en nous pour germer et donner des fruits dont nous rougissons aujourd'hui. Nous devons cesser d'accepter et de consommer les fruits amers de la nonchalance. Nous devons forcément retourner à la vie dénuée de négligence afin d'être agréables au Créateur. Il suffit d'activer la volonté d'agir pour pouvoir nous affranchir une fois pour toutes de la négligence. Certainement, un réveil spirituel pourra nous ouvrir les yeux pour nous rendre compte d'où nous sommes tombés. Cette prise de conscience personnelle ne pourra que déboucher sur une révolte acharnée contre la négligence. Prenez toutes armes spirituelles pour pouvoir détruire cet ennemi. Bon combat!

REFERENCES BIBLIQUES

La Bible (Version Louis Segond, LSG)
https://www.biblegateway.com

A PROPOS DE L'AUTEUR

Gregory DOMOND est titulaire d'une maitrise en Télécommunications de Coventry University, Royaume-Uni. L'auteur est actuellement consultant et professeur de Télécommunications à l'Université. Chrétien convaincu, M. Domond a déjà publié plusieurs livres dont *la Puissance de vos paroles, Servir pour être grand, Manuel d'évangélisation, Va avec cette force que tu as* et *Dieu est un Dieu de Détails.*

www.ingramcontent.com/pod-product-compliance
Lightning Source LLC
Chambersburg PA
CBHW061656040426
42446CB00010B/1765